# A INTER-AÇÃO
# PELA LINGUAGEM

# A INTER-AÇÃO PELA LINGUAGEM

INGEDORE G. VILLAÇA KOCH

*Copyright*© 1993 Ingedore Grunfeld Villaça Koch

Todos os direitos desta edição reservados à
Editora Contexto (Editora Pinsky Ltda.)

*Revisão*
Simone D'Alevedo/Texto & Arte Serviços Editoriais

*Composição*
FA Fábrica de Comunicação

*Capa*
Antonio Kehl

Dados Internacionais de Catalogação na Publicação (CIP)
(Câmara Brasileira do Livro, SP, Brasil)

Koch, Ingedore Grunfeld Villaça
A inter-ação pela linguagem / Ingedore Koch. –
11. ed., 5ª reimpressão. – São Paulo : Contexto, 2023.

Bibliografia
ISBN 978-85-7244-025-7

1. Interação social  2. Linguagem  3. Sociolinguística  I. Título:
II. Série

92-2692                                                                 CDD-401.4

Índices para catálogo sistemático:
1. Interação: Linguagem e comunicação  401.4
2. Linguagem e comunicação  401.4
3. Linguagem e ação: Comunicação  401.4

2023

Editora Contexto
Diretor editorial: *Jaime Pinsky*

Rua Dr. José Elias, 520 – Alto da Lapa
05083-030 – São Paulo – SP
PABX: (11) 3832 5838
contato@editoracontexto.com.br
www.editoracontexto.com.br

Proibida a reprodução total ou parcial.
Os infratores serão processados na forma da lei.

# SUMÁRIO

| | |
|---|---|
| Introdução | 7 |
| As Diferentes Concepções de Linguagem | 7 |
| Linguística do Sistema x Linguística do Discurso | 8 |
| Linguagem e Ação | 11 |
| A Teoria da Enunciação | 11 |
| A Teoria dos Atos de Fala | 17 |
| A Teoria da Atividade Verbal | 23 |
| Os Postulados Conversacionais de Grice | 27 |
| Linguagem e Argumentação | 29 |
| Os Operadores Argumentativos | 30 |
| Marcadores de Pressuposição | 46 |
| Indicadores Modais ou Índices de Modalidade | 50 |
| Indicadores Atitudinais, Índices de Avaliação e de Domínio | 53 |

| | |
|---|---|
| Tempos Verbais | 54 |
| Índices de Polifonia | 63 |

## Linguagem e Interação Face a Face — 75

| | |
|---|---|
| A Análise da Conversação | 76 |
| Linguagem Falada x Linguagem Escrita | 77 |
| Organização Geral da Conversação | 80 |
| Organização Tópica da Conversação | 81 |
| Descontinuidades no Fluxo da Informação no Nível Linear | 110 |
| Atividades de Formulação | 118 |
| Os Marcadores Conversacionais | 123 |
| A Conversação como Ato Social | 124 |

## Bibliografia Comentada — 129

## A Autora no Contexto — 133

# INTRODUÇÃO

## AS DIFERENTES CONCEPÇÕES DE LINGUAGEM

A linguagem humana tem sido concebida, no curso da História, de maneiras bastante diversas, que podem ser sintetizadas em três principais:

a. como representação ("espelho") do mundo e do pensamento;
b. como instrumento ("ferramenta") de comunicação;
c. como forma ("lugar") de ação ou interação.

A mais antiga dessas concepções é, sem dúvida, a primeira, embora continue tendo seus defensores na atualidade. Segundo ela, o homem representa para si o mundo através da linguagem e, assim sendo, a função da língua é representar (= refletir) seu pensamento e seu conhecimento de mundo.

A segunda concepção considera a língua como um código através do qual um emissor comunica a um receptor determinadas mensagens. A principal função da linguagem é, neste caso, a transmissão de informações.

A terceira concepção, finalmente, é aquela que encara a linguagem como *atividade*, como *forma de ação*, ação interindividual finalisticamente orientada; como *lugar de interação* que possibilita aos membros de uma sociedade a prática dos mais diversos tipos de atos, que vão exigir dos semelhantes reações e/ou comportamentos, levando ao estabelecimento de vínculos e compromissos anteriormente inexistentes. Trata-se, como diz W. Geraldi (1991), de um jogo que se joga na sociedade, na interlocução, e é no interior de seu funcionamento que se pode procurar estabelecer as regras de tal jogo.

## LINGUÍSTICA DO SISTEMA X

## LINGUÍSTICA DO DISCURSO

A linguística moderna, cuja paternidade se atribui a Ferdinand de Saussure, fiel a seus princípios básicos (a língua é uma estrutura, rede de relações), apresentou-se inicialmente como uma *linguística do sistema* (linguística da "langue", em termos saussureanos): utilizando a célebre metáfora do jogo de xadrez, caber-lhe-ia descrever o tabuleiro, as peças de diversos tipos e as regras do jogo. Em termos linguísticos, isto significa descrever, num determinado estádio da língua (isto é, sincronicamente), as unidades pertencentes aos diversos níveis da língua (fonemas, morfemas, etc.), sua posição no sistema e as suas regras combinatórias. Foi essa a razão pela qual, durante o estruturalismo (corrente linguística fundamentada nos preceitos de Saussure e de seus seguidores, tanto na Europa como no continente americano), a *fonologia* e a *morfologia* tiveram grande desenvolvimento.

Com o advento da teoria gerativa (fundada na obra de Noam Chomsky), a *sintaxe* (estudo das estruturas frasais de uma língua) veio a tornar-se o centro dos estudos linguísticos.

A *semântica*, timidamente a princípio, depois com maior vigor, foi acompanhando essa evolução: a semântica estrutural dedicou-se ao estudo dos componentes do significado dos signos linguísticos ("semas") e das relações de significado entre signos portadores de semas comuns (cf. o célebre exemplo do conjunto formado por cadeira, sofá, poltrona, tamborete, etc.). Na teoria gerativa de inspiração chomskyana, em que o componente central (o único criativo) da gramática é o sintático, o componente semântico (tanto quanto o fonológico) era apenas "interpretativo": ou seja, tinha por função *interpretar* estruturas sintáticas já formadas, atribuindo às estruturas "bem-formadas" de acordo com a gramática da língua uma interpretação semântica. A semântica gerativa ("corrente semanticista ou transformacionalista"), corrente dissidente no interior do gerativismo de cunho chomskyano, pretendeu dar primazia ao componente semântico sobre o sintático: as "estruturas profundas" (subjacentes àquelas que efetivamente produzimos) seriam semânticas e não sintáticas, como pretendia Chomsky; continuou, porém, excessivamente atrelada à semântica componencial (os componentes do significado são agora denominados "traços semânticos") e, por outro lado, à lógica vericondicional (o sentido de um enunciado deve ser avaliado em termos de condições de verdade ou falsidade das proposições sobre os estados de coisas nele contidos).

Tanto a linguística estrutural quanto a gerativa, portanto, procuravam descrever a língua em abstrato, fora de qualquer contexto de uso. Muitos linguistas, contudo, especialmente em países europeus (tome-se como exemplo a França, a Alemanha, a Inglaterra), passaram a voltar sua atenção para a *linguagem enquanto atividade*, para as relações entre a língua e seus usuários e, portanto, para a ação que se realiza *na* e *pela* linguagem: vai ganhando terreno, aos poucos, a *linguística pragmática*.

É então que se criam as condições propícias para o surgimento de uma *linguística do discurso*, isto é, uma linguística que se ocupa das manifestações linguísticas produzidas por indivíduos concretos em situações concretas, sob determinadas condições de produção.

Essas manifestações podem, sem dúvida, consistir de uma só palavra, de uma sequência de duas ou mais palavras ou de uma frase mais ou menos longa: mas, na maioria dos casos, trata-se de sequências linguísticas maiores que a frase. Isso significa que se torna necessário ultrapassar o nível da descrição frasal para tomar como objeto de estudo combinações de frases, sequências textuais ou textos inteiros. O que se visa, então, é descrever e explicar a (inter)ação humana por meio da linguagem, a capacidade que tem o ser humano de interagir socialmente por meio de uma língua, das mais diversas formas e com os mais diversos propósitos e resultados.

É disso que tratará o presente trabalho.

# LINGUAGEM E AÇÃO

A visão da linguagem como ação *intersubjetiva* deriva de dois grandes polos: de um lado, a *Teoria da Enunciação*; de outro lado, a *Teoria dos Atos de Fala*.

## A TEORIA DA ENUNCIAÇÃO

Em primeiro lugar, cabe estabelecer uma distinção: de um modo geral, na linguística do discurso, tem-se reservado o termo frase (= sentença) para a unidade formal do sistema da língua, estruturada de acordo com os princípios da gramática, passível de um sem-número de realizações; e o termo *enunciado* para a manifestação concreta de uma frase, em situações de interlocução. Assim, por exemplo, "Hoje irei ao cinema" é uma frase (gramatical) do português. Cada vez que ela é pronunciada – por indivíduos diferentes ou pelo mesmo indivíduo, em momentos diferentes –, tem-se um *enunciado* dessa frase.

A Teoria da Enunciação tem por postulado básico que não basta ao linguista preocupado com questões de sentido descrever os enunciados efetivamente produzidos pelos falantes de uma língua: é preciso levar em conta, simultaneamente, a *enunciação* – ou seja, o evento único e jamais repetido de produção do enunciado.

Isso porque as condições de produção (tempo, lugar, papéis representados pelos interlocutores, imagens recíprocas, relações sociais, objetivos visados na interlocução) são constitutivas do sentido do enunciado: a enunciação vai determinar a que título aquilo que se diz é dito.

Tomemos um exemplo. O enunciado "O dia está bonito", em diversas situações de enunciação, pode ter sentidos bastante diferentes: pode tratar-se de uma *asserção* (uma simples constatação), de uma *pergunta* (O dia está bonito?), de uma demonstração de surpresa (O dia está bonito!); pode tratar-se de uma sugestão ou de um convite para um passeio ou mesmo de um aviso ou de uma ameaça (por ex., um amigo me deve dinheiro; avisei-o de que estava gripado, mas, no primeiro dia bonito, iria cobrar-lhe a dívida. Telefono-lhe e digo: "O dia está bonito".). Em síntese: a par daquilo que efetivamente é dito, há o *modo como* o que se diz é *dito*: a enunciação deixa no enunciado *marcas* que indicam ("mostram") a que título o enunciado é proferido.

A Teoria da Enunciação, que teve como precursor o pensador russo M. Bakhtin, ganhou impulso na França com a obra do linguista Émile Benveniste, que se propôs estudar a subjetividade na língua, o "aparelho formal da enunciação". Para tanto, tomou como principais pontos de partida os sistemas pronominal e verbal do francês.

Ao descrever o sistema pronominal, Benveniste distingue os *pronomes da pessoa* (1ª e 2ª) dos *pronomes da não pessoa* (3ª). Os primeiros designam os interlocutores, os sujeitos envolvidos na interlocução (em português: eu, tu, você; nós, vós, vocês); os últimos designam os *referentes* (seres do mundo extralinguístico de que se fala) e, assim, não devem ser colocados na mesma classe dos primeiros.

Também quanto ao sistema verbal, Benveniste faz observações relevantes.

1) Existem dois planos de enunciação: o discurso e a história, cada um com seus tempos característicos. Na *história*, tem-se um relato de eventos passados, sem envolvimento do locutor: é "como se os fatos se narrassem a si mesmos". Caracteriza a história o uso do "passé simple" (pretérito perfeito simples) e dos pronomes da não pessoa; também pertencem à ordem da história o *imperfeito*, o *mais-que-perfeito* e o *futuro do pretérito do indicativo*. O discurso, por sua vez, é de ordem totalmente diversa: num determinado momento, em determinado lugar, um indivíduo se "apropria" da língua, instaurando-se como "*eu*" e, concomitantemente, instaurando o outro como "tu": é uma enunciação que pressupõe um locutor e um ouvinte e, no primeiro, a intenção de influenciar o outro de alguma maneira. Em função do *eu*, caracterizam-se o *aqui*, o *agora* e todas as coordenadas espaçotemporais. *Eu* e *tu*, porém, são reversíveis a cada instante: no momento seguinte, o interlocutor pode passar a designar-se *eu*, passando o antigo *eu* a *tu*; e assim sucessivamente. Os tempos característicos do discurso são o *presente*, o "*passé composé*" (nosso pretérito perfeito composto), o *futuro do presente*. Comuns aos dois planos são o *imperfeito* e o *mais-que-perfeito*, tanto em formas de 1ª e 2ª, como de 3ª pessoa.

Tal concepção serviu de base a várias outras, como, por exemplo, a de H. Weinrich, que será esboçada no cap. "Linguagem e Argumentação"; por outro lado, tem merecido críticas bastante justificadas. Por exemplo, a *história* é também discurso, mas um discurso de natureza particular: poder-se-ia, então, falar em *discurso intersubjetivo e discurso histórico* (Osakabe, 1979). Além disso, é impossível, em termos de linguagem humana, "os eventos se narrarem a si mesmos", pois isto implicaria admitir a total neutralidade do narrador, o que não existe (cf. cap. "Linguagem e Argumentação"). Finalmente, há também outras marcas que podem distinguir esses dois tipos de discurso. Observemos os Textos I, II, III e IV.

## Manifestação de moradores no RJ acaba em tiroteio

**Da Sucursal do Rio**

A Polícia Militar entrou em choque ontem de manhã com os moradores do bairro de Realengo (zona norte) que obstruíram das 9h às 11h duas pistas da avenida Brasil, principal via de acesso ao Rio. Eles protestavam contra os atropelamentos perto do Ciep Thomas Jefferson, na margem da avenida, e pediam a construção de uma passarela para pedestres.

Os manifestantes usaram pedras, pneus, troncos de árvores e tambores, provocando congestionamento. Houve atrito e tiroteio. A PM disparou para o alto. O major que comandou a operação, identificado apenas como Joel, disse que havia assaltantes infiltrados entre os manifestantes.

Texto I – *Folha de S.Paulo*, 11/3/1992

## Fórum dos Leitores

### *República de Alagoas*

Os brasileiros têm rezado muito para que o ano em curso termine logo e o próximo seja, naturalmente, bem melhor. Pudera! Desde o malfadado Plano Cruzado até a CPI do PC só temos tido desencantos. Um festival de fracassos, mentiras e imoralidades. Como a soma das escuridões não produz a luz, tudo isso tinha que dar no que deu: um motim a bordo de um navio perdido em mar revolto. A tripulação, indignada e insatisfeita, exige a cabeça do comandante. É por aí. A crise atual é realmente aguda. Agora só nos resta orar para que o bom Deus nos acuda... e pra valer!
**Jean Claudio Feder**, Capital

Texto II – *O Estado de S. Paulo*, 25/8/1992

# Cai consumo de caranguejo em João Pessoa

Do correspondente em João Pessoa

Cerca de mil famílias que vivem da pesca no rio Sanhauá, entre Bayeux e João Pessoa, estão enfrentando dois problemas. Um é o medo do cólera, depois que foram confirmados três casos pela Secretaria da Saúde em pessoas residentes nos bairros do Alto do Mateus, Ilha do Bispo e Porto do Capim (às margens do rio). O outro é a queda na venda de mariscos e caranguejos, pescados nas marés baixas. Em João Pessoa, até ontem tinham sido confirmados cinco casos de cólera.

A Secretaria da Saúde ainda não constatou contaminação do rio Sanhauá pelo cólera, mas tem alertado os moradores para não tomar banho e nem utilizar a água para outras finalidades.

Pedro Gomes de Lima, 32, compra toda produção de caranguejo dos pescadores do Porto do Capim e vende nos bairros de classe média de João Pessoa. Ele disse que a venda caiu de 800 caranguejos por dia para "menos de 120".

# CPI dominou as conversas nas ruas e nos bares

IRENE RUBERTI

Foi impossível evitar. A leitura do relatório final da Comissão Parlamentar de Inquérito do caso PC se tornou assunto obrigatório ontem nos balcões dos bares, nos pontos de ônibus, em cada conversa de esquina. O tema não sofreu restrições de classes sociais ou idades. Era discutido com o mesmo entusiasmo por estudantes sentados nas escadarias do prédio da Fundação Casper Líbero, na Avenida Paulista, como por aposentados reunidos nos bancos do centro da cidade.

O contador neozelandês Bill Tolhurst, em férias no Brasil, se surpreendeu com a movimentação no centro de São Paulo. "Parece que as pessoas estão muito descontentes com a situação", afirmou, ao encontrar um grupo assistindo atentamente à leitura do relatório da CPI.

A concentração dos espectadores só era interrompida por palavras de ordem que defendiam, na grande maioria, o impeachment do presidente Fernando Collor. As ruas do Centro por onde bancários passaram convocando a população para o ato de hoje também foram percorridas ontem por Maria de Lourdes Batistella, uma mulher de 43 anos, que defendia a permanência de Collor na Presidência. Vestida de branco e com um terço na mão, ela repetia que tudo não passava de uma onda de difamação contra o presidente.

---

Texto III – *O Estado de S. Paulo*, 25/8/1992      Texto IV – *Folha de S.Paulo*, 11/8/1992

Com base na distinção de Benveniste, pode-se dizer que o Texto I é tipicamente uma enunciação do tipo "história", ao passo que o Texto II pertence ao plano do discurso. Os Textos III e IV, contudo, não podem ser classificados em "história" ou "discurso" apenas com base nos tempos verbais. O Texto IV, embora contenha somente tempos do plano da "história" e formas verbais da não pessoa (3ª), constitui, sem dúvida, um exemplo de discurso: a presença do locutor se faz sentir através de outras marcas, como, por exemplo, o enunciado inicial ("Foi impossível evitar") e índices de avaliação (cf. cap. "Linguagem e Argumentação") espalhados pelo texto. Já o Texto III, embora nele predominem os tempos do "discurso", assemelha-se muito mais ao "relato de eventos sem interferência do narrador", isto é, ao que, segundo Benveniste, se chamaria de "história".

2) Outra distinção importante que faz Benveniste, no interior do sistema verbal, é entre o *paradigma normal* da conjugação do verbo, com todos os seus tempos, modos e pessoas e um paradigma específico de determinados verbos que, quando empregados na *1ª pessoa do singular do presente do indicativo*, não descrevem meramente uma ação, mas, na verdade, a *realizam* (tais verbos têm sido denominados *performativos*). Formas como *eu prometo...*, *eu juro...*, *eu (te) batizo...*, *eu ordeno...*, *eu suplico...*, etc., pelo simples fato de serem pronunciadas, *realizam* a ação que nomeiam.

Algumas dessas ações são mais convencionalizadas ou institucionalizadas, dependendo de condições bem determinadas para sua realização: por exemplo, no tribunal, quando o juiz pronuncia a fórmula "Declaro aberta a sessão", a sessão está aberta; se, porém, uma pessoa qualquer que se encontra no recinto fizer o mesmo, a ação não se concretizará por falta de condições essenciais. Outras, contudo – aliás, a maioria –, estão constantemente presentes na nossa vida cotidiana: basta que se enuncie uma dessas fórmulas, na 1ª pessoa do singular do presente do indicativo, e, por esse simples fato, a ação que ela nomeia terá sido realizada (salvo algumas exceções, como no caso de um discurso relatado em estilo direto, por ex.: "Naquele instante, o juiz levantou-se e declarou: 'Eu o condeno a 20 anos de prisão'"). Os mesmos verbos, no entanto, empregados em outro tempo ou pessoa, perdem a força performativa: em "Ontem *prometi* a seus pais que iria visitá-los", a forma verbal *prometi* apenas descreve ou nomeia a minha ação de ontem, mas não a realiza.

Através do estudo dessas formas – e de outras que não serão aqui tratadas –, Benveniste comprova sua tese da *subjetividade na linguagem*. Com seus trabalhos, ganha impulso a Teoria da Enunciação, que vai ter um grande desenvolvimento, particularmente na França, onde diversos linguistas passam a estudar outras marcas da presença do enunciador nos enunciados por ele produzidos, como, por exemplo, os indicadores de modalidade, os de atitude do falante, os índices de avaliação, os de distanciamento ou adesão do locutor ao seu discurso, enfim, todos os tipos de "*modalizadores*" ou marcas linguísticas da enunciação, alguns dos quais serão examinados no próximo capítulo.

## A TEORIA DOS ATOS DE FALA

A *Teoria dos Atos de Fala* surgiu no interior da Filosofia da Linguagem, tendo sido, posteriormente, apropriada pela Linguística Pragmática. Filósofos da Escola Analítica de Oxford, tendo como pioneiro J. L. Austin, seguido por Searle, Strawson e outros, entendendo a linguagem como forma de ação ("todo dizer é um fazer"), passaram a refletir sobre os diversos tipos de ações humanas que se realizam através da linguagem: os *atos de fala, atos de discurso* ou *atos de linguagem*.

Austin estabelece distinção entre três tipos de atos: *locucionários, ilocucionários* e *perlocucionários.*

O *ato locucionário* consiste na emissão de um conjunto de sons, organizados de acordo com as regras da língua. Segundo Searle, o ato locucionário constitui-se de um *ato de referência* e um *ato de predicação.* Através do ato de referência, designa-se ("pinça-se") uma entidade do mundo extralinguístico e por meio do ato de predicação atribui-se a essa entidade uma certa propriedade, característica, estado ou comportamento (por exemplo: *João | é estudioso*; *a fera | atacou os exploradores*).

O *ato ilocucionário* atribui a esse conjunto (proposição ou *conteúdo proposicional*) uma determinada *força*: de pergunta, de asserção, de ordem, de promessa, etc. Searle propôs, para todo ato de fala, a seguinte fórmula:

$$f(p)$$

em que *p* designa o conteúdo proposicional e *f*, a força ilocucionária. (Note-se que se trata de outra maneira de designar o *quê* e o *como* do enunciado, de que se falou anteriormente.) O ato ilocucionário poderia, segundo esses autores, ser realizado de *forma explícita* (isto é, através do uso de performativos) ou de *forma implícita* (sem o uso do performativo). No segundo caso, porém, seria sempre possível recuperar o performativo omitido, como em:

1. A Terra é redonda. $\longrightarrow$ Eu assevero que a Terra é redonda.
2. A Terra é redonda? $\longrightarrow$ Eu pergunto se a Terra é redonda.
3. Retire-se! $\longrightarrow$ Eu ordeno que você se retire.

*Ato perlocucionário* é aquele destinado a exercer certos efeitos sobre o interlocutor: convencê-lo, assustá-lo, agradá-lo, etc., efeitos que podem realizar-se ou não. Por exemplo, um ato de persuasão pode não persuadir o interlocutor; um ato de ameaça pode não surtir nenhum efeito. O ato ilocucionário, em contrapartida, *pelo simples fato de ser enunciado*, realiza a ação que nomeia. Uma das diferenças frequentemente apontadas, portanto, entre atos ilocucionários e perlocucionários é que, nos primeiros, ao contrário dos segundos, a força ilocucionária poderia sempre ser explicitada por meio de um performativo. Assim, quando se deseja convencer, assustar ou agradar alguém, não basta *dizer* "eu (te) convenço", "eu (te) assusto", "eu (te) agrado" – a persuasão, o temor, a satisfação vão decorrer (ou não) daquilo que é dito.

É preciso, no entanto, observar que *todo* ato de fala é, ao mesmo tempo, locucionário, ilocucionário e perlocucionário, caso contrário não seria um *ato* de fala: sempre que se interage através da língua, profere-se um enunciado linguístico dotado de certa força que irá produzir no interlocutor determinado(s) efeito(s), ainda que não aquele(s) que o locutor tinha em mira.

Todavia, contrariamente ao que em geral se afirmava no interior da Teoria dos Atos de Fala, a força ilocucionária *nem sempre* pode ser determinada pelo recurso a um performativo:

- primeiro, porque muitas vezes a força ilocucionária é ambígua: quando digo "*Saia*", pode tratar-se de uma ordem, de um pedido, de um conselho, ou até de uma súplica. Somente a entonação, os gestos, as expressões fisionômicas e as condições gerais em que o enunciado é produzido permitirão detectar a verdadeira força do ato produzido;
- segundo, porque nem sempre existe na língua um performativo adequado à explicitação da força ilocucionária: isto é, há tipos de atos para os quais não existe um performativo correspondente ou, mesmo existindo, seu emprego é pouco

habitual. Dificilmente se introduziria um ato de censura declarando: "eu (te) censuro...", do mesmo modo que se diz: "eu (te) prometo"; não se cumprimenta um amigo na rua dizendo-lhe "eu (te) saúdo" (embora isto seja possível em certas situações ritualizadas).

Assim, se *todo* ato de fala realiza uma ação ("todo dizer é um fazer"), pode-se dizer que os performativos explícitos são apenas fórmulas convencionalizadas para realizar algumas dessas ações e que a "performatividade" se faz presente em todo e qualquer uso da linguagem.

Outra distinção que se costuma fazer no interior da Teoria dos Atos de fala é entre atos de fala *diretos* e *indiretos*. O ato de fala é *direto* quando realizado através de formas linguísticas especializadas para tal fim: certos tempos ou modos verbais, dadas expressões estereotipadas, determinados tipos de entonação, etc. Por exemplo, há uma entonação típica para perguntas (e, em algumas línguas, ocorre a inversão sujeito/verbo e/ou existem partículas interrogativas); usa-se o *imperativo* para dar ordens (ou, em certos casos, o futuro do presente e o infinitivo); empregam-se expressões como *por favor*, *por gentileza*, etc. para fazer pedidos, solicitações. Por ex.:

4. Que dia é hoje? (ato de pergunta)
5. a. *Deixe-me* só!
   b. Não *levantarás* falso testemunho. (atos de ordem)
   c. À direita *volver*!
6. *Por favor*, traga-me um café. (ato de solicitação)

O ato de fala *indireto* (ou *derivado*) é aquele realizado através do recurso a formas típicas de outro tipo de ato. Nesse caso, é nosso conhecimento de mundo ou o traquejo social que vão nos permitir perceber a verdadeira força ilocucionária. Assim, se digo a alguém:

7. Você tem um cigarro?  ou
8. Quer fechar a janela?

não estou, evidentemente, *perguntando* se a pessoa tem ou não um cigarro ou se *deseja* ou não fechar a janela, mas, na verdade, estou esperando que o interlocutor de (7) me ceda um cigarro e que o de (8) feche a janela. Se digo a um familiar:

9. Está tão abafado aqui dentro!

geralmente não estou apenas fazendo uma constatação a respeito da temperatura do recinto, mas solicitando-lhe que faça algo para atenuar o calor.

Há muitos casos em que é tão comum realizar dado tipo de ato por meio de fórmulas próprias de outro tipo que já se torna convenção interpretá-lo como do primeiro tipo e não como do segundo. No célebre exemplo:

10. Você pode me passar o sal?

não é muito fácil (embora, evidentemente, possível) imaginar uma situação em que esse enunciado deva ser interpretado meramente como uma pergunta (sobre a capacidade física do interlocutor de tomar em suas mãos o saleiro e movimentá-lo de um lugar para outro).

Para que um ato de fala alcance os objetivos visados pelo locutor, é necessário que o interlocutor seja capaz de *captar* a sua intenção; caso contrário, o ato será inócuo. Imaginemos que pretendo avisar alguém de um perigo iminente (por ex.: "Aí vem o touro!") e esse alguém imagine que se trata de simples gracejo: é claro que, nesse caso, meu ato de aviso não produzirá o efeito visado. Isto é: cumpre que o interlocutor reconheça a força ilocucionária do ato produzido pelo locutor para que este surta os efeitos desejados e, portanto, se concretize enquanto ação.

Mais recentemente, a Teoria dos Atos de Fala tem sido alvo de críticas e recebido algumas reformulações.

Uma das críticas é que a teoria é unilateral, colocando uma ênfase quase exclusiva no locutor – isto é, que trata da *ação*, mas não da *interação*. Critica-se, também, o fato de se levarem em conta basicamente enunciados isolados, examinados fora de um contexto real de uso.

Um problema que se vem tentando sanar é o de não se terem levado em conta, na caracterização das atividades ilocucionais, sequências maiores de enunciados ou textos. Assim, Van Dijk, linguista holandês, um dos mais destacados especialistas no estudo do texto/discurso (cf. *Cognição, Discurso e Interação*, Editora Contexto, 1992), chama a atenção para o fato de que, em um texto, apesar de se realizarem diversos tipos de atos, há sempre *um objetivo principal* a ser atingido, para o qual concorrem todos os demais. Propõe, então, a noção de *macroato*, isto é, *o ato global* que se pretende realizar. Numa carta, por exemplo, podem realizar-se atos de saudação, pergunta, asserção, solicitação, convite, despedida, entre outros, mas haverá sempre um objetivo maior ao qual os demais atos se subordinam. Van Dijk mostra também que, em sequências de atos de fala, podem-se distinguir um ato principal e outros complementares, como atos de justificativa, de fundamentação, atos preparatórios, etc. (A noção de atos principais e acessórios é também desenvolvida pelo grupo de pragmaticistas de Genebra, liderado por E. Roulet.) Vejamos os exemplos:

11. Você pode me dizer as horas? Esqueci o relógio.

Temos aqui um ato principal de *solicitação de informação*, servindo a asserção subsequente como *justificativa do pedido*.

12. L1  Mainha... o papai trouxe aquele iogurte?
    L2  Trouxe meu filho trouxe.
    L1  Posso comer um?

Nesse exemplo (extraído do livro *Análise da Conversação*, de L. A. Marcuschi), o locutor realiza primeiramente um *ato preparatório* para depois introduzir o ato principal de *pedido*.

## A TEORIA DA ATIVIDADE VERBAL

A Teoria da Atividade Verbal, desenvolvida particularmente em países da antiga URSS, inclusive na Alemanha Oriental, baseia-se nas ideias de psicólogos e psicolinguistas soviéticos como, por exemplo, Leontev e Luria. Seguindo algumas ideias de Vigotsky, ela parte do princípio de que a linguagem é uma *atividade social* realizada com vistas à realização de determinados fins.

Assim sendo, toda atividade linguística seria composta por: um *enunciado*, produzido com dada *intenção* (propósito), sob certas *condições* necessárias para o atingimento do objetivo visado e as *consequências* decorrentes da realização do objetivo.

Ora, para atingir seu objetivo fundamental, cabe ao locutor assegurar ao seu interlocutor as condições necessárias para que este:

a) seja capaz de *reconhecer* a intenção, isto é, *compreender* qual é o objetivo visado, o que depende da *formulação* adequada do enunciado; b) *aceite* realizar o objetivo pretendido, ou seja, concorde em demonstrar a reação e/ou o comportamento visado pelo locutor. Por isso, este deve realizar *atividades linguisticocognitivas* tanto para garantir a compreensão (tais como repetir, parafrasear, completar, corrigir, resumir, exemplificar, enfatizar, etc.), como para estimular, facilitar ou causar a aceitação (fundamentar, justificar, "preparar o terreno", etc.).

Os seguidores dessa teoria passaram, pois, a descrever a produção de linguagem em termos dos *diferentes tipos de atividades* realizadas pelos interlocutores numa interação. Entre esses mereceram destaque, especialmente na Alemanha, *as atividades de composição textual*, isto é, as atividades linguisticocognitivas acima mencionadas (das quais se voltará a falar no cap. "Linguagem e Interação Face a Face").

No entanto, embora tivessem partido de uma crítica à Teoria dos Atos de Fala, acusando-a de unilateral, muitos seguidores da Teoria da Atividade Verbal poderiam, em parte, merecer a mesma crítica, já que, em geral, o foco de suas pesquisas tem recaído sobre as atividades do *locutor*, na produção de textos (escritos ou orais), sem maior atenção ao papel do interlocutor.

Sem dúvida nenhuma, o processamento do texto por parte do interlocutor, em termos de compreensão ou interpretação, constitui também uma *atividade*, como, aliás, tem sido ressaltado na vasta bibliografia atual, quer europeia, quer americana, voltada para essa questão: o ouvinte/leitor não é absolutamente um "receptor" passivo, já que lhe cabe *atuar* sobre o material linguístico de que dispõe (além, é claro, da entonação, dos gestos, das expressões fisionômicas, dos movimentos corporais na linguagem falada), e, deste modo, *construir* um sentido, *produzir* uma leitura.

Além disso, como já se disse, o sentido é construído na *interlocução*, no interior da qual os interlocutores se constituem e são constituídos.

Assim sendo, a mera decodificação dos sinais emitidos pelo locutor não é de modo algum suficiente: cabe ao ouvinte/leitor estabelecer, entre os elementos do texto e todo o contexto, relações dos mais diversos tipos, para ser capaz de compreendê-los em seu conjunto e interpretá-los de forma adequada à situação.

Entre as atividades realizadas para tal fim, a *produção de inferências* desempenha um papel particularmente relevante. *Nenhum* texto apresenta de forma explícita *toda* a informação necessária à sua compreensão: há sempre elementos implícitos que necessitam ser recuperados pelo ouvinte/leitor por ocasião da atividade de produção do sentido. Para tanto, ele produz inferências: isto é, a partir dos elementos que o texto contém, vai estabelecer relações com aquilo que o texto implicita, preenchendo as lacunas que ele apresenta, recorrendo para tanto: a) ao seu conhecimento de mundo (conhecimento "enciclopédico" armazenado na memória sob forma de *frames* ou *scripts* – ver *A Coerência Textual*, nesta mesma coleção); b) aos conhecimentos comuns ("partilhados") entre ele e seu interlocutor (quanto maior o conhecimento partilhado, menor a necessidade de verbalização). Observe-se o exemplo:

13. João entrou no restaurante, comeu uma feijoada e voltou correndo para o escritório.

Em (13), o ouvinte/leitor ativa na sua memória os conhecimentos relativos ao episódio "ir a um restaurante". Assim, não é preciso dizer que lá havia mesas e cadeiras; que João sentou-se e foi atendido pelo garçom; que o garçom trouxe a feijoada; que João pagou a conta, etc. Tudo isto é recuperado através de inferências e considerado como "informação normal", que, por isso, não precisa ser explicitada. Se, por exemplo, João *não tivesse pago a conta* ou o garçom lhe tivesse dito que o restaurante *não servia feijoada naquele dia*, isto teria de constar explicitamente no texto.

Veja-se, agora, o exemplo (14):

14. A: Você trouxe as coisas que pedi?
B: As que estavam lá em cima?
A: Não, as que deixei no quintal.
B: Ah, vou buscá-las.

Embora esse texto faça pouco sentido para um estranho, os interlocutores se entendem perfeitamente, complementando as lacunas através de inferências baseadas em seu conhecimento partilhado. É o que ocorre também em (15), em que, aparentemente, não há qualquer relação entre os enunciados de *A* e *B*.

15. A: Você vai à aula amanhã?
B: Os ônibus vão entrar em greve.

É pelo fato de as inferências produzidas por ocasião da compreensão dependerem em grande parte do conhecimento de mundo do ouvinte/leitor e da ativação desse conhecimento na interlocução que se explica que diferentes leitores possam construir leituras diferentes para um mesmo texto (e que o *mesmo* leitor, em momentos diferentes, possa ler o texto de formas diferentes).

Para avaliar a importância das inferências na interação verbal, basta imaginar a extensão que teriam de ter nossos textos mais simples, se neles tivesse de estar explícita *toda* a informação necessária à sua compreensão.

## Os Postulados Conversacionais de Grice

Para complementar este capítulo, cumpre fazer uma rápida referência aos postulados conversacionais do filósofo americano Grice. Segundo ele, o princípio básico que rege a comunicação humana é o *Princípio da Cooperação* ("seja cooperativo"). Isto é, quando duas ou mais pessoas se propõem interagir verbalmente, elas normalmente irão cooperar para que a interlocução transcorra de maneira adequada. Usando uma metáfora: quem se propõe jogar um jogo, aceita jogar de acordo com suas regras e fazer o possível para que ele chegue a bom termo. Esse princípio subsume quatro "máximas":

- *Máxima da Quantidade*: "não diga nem mais nem menos do que o necessário".
- *Máxima da Qualidade*: "só diga coisas para as quais tem evidência adequada; não diga o que sabe não ser verdadeiro".
- *Máxima da Relação* (*Relevância*): "diga somente o que é relevante".
- *Máxima do Modo*: "seja claro e conciso; evite a obscuridade, a prolixidade, etc.".

Se, por acaso, tais máximas entrarem em conflito, pode haver predominância de uma delas, isto é, uma máxima pode sobrepor-se a outra(s). Pode ocorrer, também, que o locutor infrinja intencionalmente uma das máximas, cabendo, então, ao interlocutor fazer um cálculo para descobrir o motivo da desobediência: tem-se, nesses casos, uma *implicatura conversacional*.

Grice apresenta um exemplo que se tornou célebre: um professor universitário escreve a um colega de outra instituição pedindo referências quanto à capacidade intelectual de um ex-aluno deste, que é candidato a uma vaga de assistente na universidade em que trabalha, e obtém a seguinte resposta: "Tem boa letra e não costuma chegar atrasado". O raciocínio a ser feito seria o seguinte: "meu colega aparentemente infringiu a Máxima da Relevância; se ele o fez, deve ter sido porque preferiu omitir a informação que seria relevante. Assim, de acordo com a Máxima da Quantidade, devo supor que ele disse o suficiente para que eu entenda que o candidato é fraco". *Ironias, subentendidos, metáforas* seriam explicáveis em termos das implicaturas conversacionais. No entanto, embora tenha gozado – e goze até hoje – de bastante prestígio, é fácil perceber que essa teoria não dá conta de toda a "malícia" e manipulação tão presentes na interação verbal humana: estamos constantemente "jogando", "blefando", simulando, ironizando, fazendo alusões e criando subentendidos, fenômenos nem sempre explicáveis apenas com base nas "máximas" griceanas.

# LINGUAGEM E ARGUMENTAÇÃO

Quando interagimos através da linguagem (quando nos propomos a jogar o "jogo"), temos sempre objetivos, fins a serem atingidos; há relações que desejamos estabelecer, efeitos que pretendemos causar, comportamentos que queremos ver desencadeados, isto é, pretendemos *atuar* sobre o(s) outro(s) de determinada maneira, obter dele(s) determinadas reações (verbais ou não verbais). É por isso que se pode afirmar que o uso da linguagem é essencialmente argumentativo: pretendemos orientar os enunciados que produzimos no sentido de determinadas conclusões (com exclusão de outras). Em outras palavras, procuramos dotar nossos enunciados de determinada força argumentativa.

Ora, toda língua possui, em sua Gramática, mecanismos que permitem indicar a orientação argumentativa dos enunciados: a argumentatividade, diz Ducrot, está inscrita na própria língua. É a esses mecanismos que se costuma denominar *marcas linguísticas da enunciação ou da argumentação* (como se pode ver, tomada aqui em sentido amplo). Outras vezes, tais elementos são denominados *modalizadores* – também em sentido amplo – já que têm a função de determinar o *modo como aquilo que se diz é dito* (cf. cap. "Linguagem e Ação").

Neste capítulo, estudaremos algumas dessas marcas.

## Os Operadores Argumentativos

O termo *operadores argumentativos* foi cunhado por O. Ducrot, criador da Semântica Argumentativa (ou Semântica da Enunciação), para designar certos elementos da gramática de uma língua que têm por função indicar ("mostrar") a força argumentativa dos enunciados, a direção (sentido) para o qual apontam.

Para explicar seu funcionamento, Ducrot utiliza duas noções básicas: as de *escala argumentativa* e *classe argumentativa*. Uma *classe argumentativa* é constituída de um conjunto de enunciados que podem igualmente servir de argumento para (apontam para: ⟶▷) uma mesma conclusão (a que, por convenção, se denomina *R*). Exemplo:

1. João é o melhor candidato. (conclusão *R*)

   arg. 1 – tem boa formação em Economia  classe
   arg. 2 – tem experiência no cargo  argumen-
   arg. 3 – não se envolve em negociatas  tativa
   –

   –

   etc. (Todos os argumentos têm o mesmo peso para levar o alocutário a concluir *R*.)

Quando dois ou mais enunciados de uma classe se apresentam em gradação de força crescente no sentido de uma mesma conclusão, tem-se uma *escala argumentativa*. Exemplo:

2. A apresentação foi coroada de sucesso (conclusão R)
   arg. 1 – estiveram presentes personalidades do mundo artístico
   arg. 2 – estiveram presentes pessoas influentes nos meios políticos

arg. 3 – esteve presente o Presidente da República (argumento mais forte)

Costuma-se representar graficamente a escala argumentativa da seguinte forma:

R: A apresentação foi coroada de sucesso:

(arg. + forte) ⊕ p" – esteve presente o Presidente da República
           p' – estiveram presentes pessoas influentes nos meios políticos
           p – estiveram presentes personalidades do mundo artístico

Se a mesma conclusão for *negada*, invertem-se os elementos da escala:

R: A apresentação não teve sucesso:

(arg. + forte) ⊕ p" – não estiveram presentes personalidades do mundo artístico
           p' – não estiveram presentes pessoas influentes nos meios políticos
           p – não esteve presente o Presidente da República

Após esta rápida explicação, passamos a examinar aqui os principais tipos de operadores.

A) *Operadores que assinalam o argumento mais forte de uma escala orientada no sentido de determinada conclusão: até, mesmo, até mesmo, inclusive.*

No exemplo (2), diríamos normalmente: "A apresentação foi coroada de sucesso: estiveram presentes personalidades do mundo artístico, pessoas influentes nos meios políticos e *até* (*mesmo, até mesmo, inclusive*) o Presidente da República".

No caso da escala em sentido negativo, o argumento mais forte viria introduzido por *nem mesmo*: "A apresentação não teve sucesso: o Presidente não compareceu, nem pessoas influentes nos meios políticos e *nem mesmo* personalidades do mundo artístico".

Veja-se a força do operador *mesmo* no seguinte trecho de um texto de Bertrand Russell:

3. "O homem teme o pensamento como nada mais sobre a terra, mais que a ruína e *mesmo* mais que a morte."

R: O homem teme o pensamento como nada mais sobre a terra

$$\mesmo \quad \begin{array}{l} \oplus \; p' - \text{mais que a morte} \\ \vdash \; p - \text{mais que a ruína} \end{array}$$

Há também operadores que introduzem dado argumento deixando subentendida a existência de uma escala com outros argumentos mais fortes. São expressões como *ao menos, pelo menos, no mínimo*. Por exemplo:

4. O rapaz era dotado de grandes ambições. Pensava em ser no mínimo (pelo menos, ao menos) prefeito da cidade onde nascera.

R: O rapaz era dotado de grandes ambições

$$\text{Pensava em ser:} \quad \vdash \; ? \\ \text{no mínimo} \quad \oplus \; \text{prefeito da cidade onde nascera}$$

B) *Operadores que somam argumentos a favor de uma mesma conclusão* (isto é, argumentos que fazem parte de uma mesma classe argumentativa): *e, também, ainda, nem* (= e não), *não só... mas também, tanto... como, além de..., além disso..., a par de...*, etc. No caso do exemplo (1), teríamos:

R: João é o melhor candidato

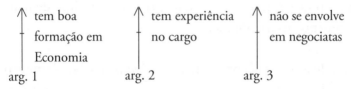

Algumas maneiras de formular o texto seriam:

a. João é o melhor candidato: tem boa formação em Economia, tem experiência no cargo *e* não se envolve em negociatas.
b. João é o melhor candidato: *não só* tem boa formação em Economia, *mas também* tem experiência no cargo *e* não se envolve em negociatas.
c. João é o melhor candidato: *além de* ter boa formação em Economia, tem experiência no cargo; e {*também* / *ainda*} não se envolve em negociatas.
d. João é o melhor candidato: *tanto* tem boa formação em Economia, *como* experiência no cargo; {*além disso,* / *a par disso*} não se envolve em negociatas.
e. João é o melhor candidato: *a par de* uma boa formação em Economia, *também* tem experiência no cargo; *além do que*, não se envolve em negociatas.

etc., etc.

Existe mais um operador, que também introduz um argumento adicional a um conjunto de argumentos já enunciados, mas o faz de maneira "sub-reptícia": ele é apresentado como se fosse desnecessário, como se se tratasse de simples "lambuja", quando, na verdade, é por meio dele que se introduz um argumento decisivo, com o qual se dá o "golpe final", resumindo ou coroando todos os demais argumentos. Trata-se do operador *aliás*. Veja-se como poderia ficar o texto acima, com o acréscimo de mais um argumento através do *aliás*:

f. João é o melhor candidato. *Além de* ter boa formação em Economia, tem experiência no cargo *e* não se envolve em negociatas. *Aliás*, é o único candidato que tem bons antecedentes.

Um anúncio publicitário certa ocasião, em um jornal de São Paulo, terminava assim:

5. "Esta é uma filosofia de trabalho que levamos a sério há mais de 50 anos. *Aliás*, muito a sério."
(isto é, mais "a sério" do que nossos concorrentes)

C) *Operadores que introduzem uma conclusão relativa a argumentos apresentados em enunciados anteriores: portanto, logo, por conseguinte, pois, em decorrência, consequentemente*, etc. Ex.:

6. O custo de vida continua subindo vertiginosamente; as condições de saúde do povo brasileiro são péssimas e a educação vai de mal a pior. *Portanto* (*logo, por conseguinte...*) não se pode dizer que o Brasil esteja prestes a se integrar no primeiro mundo.

D) *Operadores que introduzem argumentos alternativos que levam a conclusões diferentes ou opostas: ou, ou então, quer... quer, seja... seja,* etc.

7. Vamos juntos participar da passeata. Ou você prefere se omitir e ficar aguardando os acontecimentos?

E) *Operadores que estabelecem relações de comparação entre elementos, com vistas a uma dada conclusão: mais que, menos que, tão... como,* etc. Por exemplo:

8. A: Vamos convocar a Lúcia para redigir o contrato.
   B: A Márcia é *tão* competente *quanto* a Lúcia.

Note-se aqui que, apesar de se tratar gramaticalmente de um comparativo de igualdade, como demonstrou C. Vogt, *argumentativamente* o enunciado é *favorável* a Márcia e *desfavorável* a Lúcia.

F) *Operadores que introduzem uma justificativa ou explicação relativa ao enunciado anterior: porque, que, já que, pois,* etc.

9. "Não fiques triste *que* este mundo é todo teu
   Tu és muito mais bonita que a Camélia que morreu".

("Jardineira")

G) *Operadores que contrapõem argumentos orientados para conclusões contrárias: mas* (porém, contudo, todavia, no entanto, etc.), *embora* (ainda que, posto que, apesar de (que), etc.).

O dólar *pode* subir de novo esta semana.
O dólar *deve* subir de novo esta semana.

35. Os candidatos *deverão apresentar* documento de identidade.
*Exige-se que* os candidatos apresentem documento de identidade.
Os candidatos *terão de apresentar* documento de identidade.
*Há obrigatoriedade* de apresentação do documento de identidade pelos candidatos.

Em todos esses exemplos, verifica-se que, ao *conteúdo proposicional*, foi acrescentada a indicação da *modalidade* sob a qual ele deve ser interpretado. É fácil perceber, também, que:

a. uma mesma modalidade pode ser expressa através de recursos linguísticos (= lexicalizações) de diferentes tipos;
b. um mesmo indicador modal pode exprimir modalidades diferentes, como é o caso dos verbos *dever* e *poder* nos seguintes exemplos.

36. a. Todos os candidatos *devem* comparecer em traje social (é obrigatório).
b. O tempo *deve* melhorar amanhã (= é possível).
c. Vamos, a reunião *deve* estar começando (= é provável).

37. a. Os candidatos *podem* apresentar-se em traje esportivo (= é facultativo).
b. Os preços *podem* cair nos próximos meses (= é possível).

O esquema de funcionamento do MAS (o "operador argumentativo por excelência", segundo Ducrot) e de seus similares é o seguinte: o locutor introduz em seu discurso um *argumento possível* para uma conclusão *R*; logo em seguida, opõe-lhe um *argumento decisivo* para a conclusão contrária *não R (~R)*. Ducrot ilustra esse esquema argumentativo recorrendo à metáfora da balança: o locutor coloca no prato *A* um argumento (ou conjunto de argumentos) com o qual não se engaja, isto é, que pode ser atribuído ao interlocutor, a terceiros, a um determinado grupo social ou ao saber comum de determinada cultura; a seguir, coloca no prato *B* um argumento (ou conjunto de argumentos) contrário, ao qual adere, fazendo a balança inclinar-se nessa direção (ou seja, entrechocam-se no discurso "vozes" que falam de perspectivas, de pontos de vista diferentes – é o fenômeno da polifonia, de que voltaremos a falar no item "Índices de Polifonia").

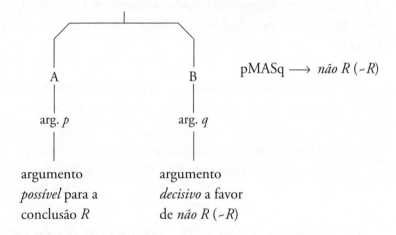

Exemplos:
10. A equipe da casa não jogou mal, *mas* o adversário foi melhor e mereceu ganhar o jogo.

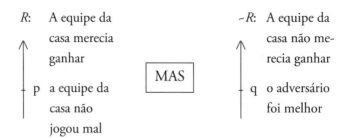

11. *Embora* o candidato se tivesse esforçado para causar boa impressão, sua timidez e insegurança fizeram com que não fosse selecionado.

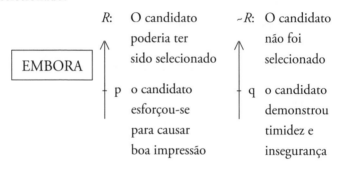

Do ponto de vista semântico, os operadores do grupo do MAS e os do grupo do EMBORA têm funcionamento semelhante: eles opõem argumentos enunciados de perspectivas diferentes, que orientam, portanto, para conclusões contrárias. A diferença entre os dois grupos diz respeito à *estratégia argumentativa* utilizada pelo locutor: no caso do *MAS*, ele emprega (segundo E. Guimarães) a *"estratégia do suspense"*, isto é, faz com que venha à mente do interlocutor a conclusão *R*, para depois introduzir o argumento (ou conjunto de argumentos) que irá levar à conclusão ~*R*; ao empregar o *embora*, o locutor utiliza a *estratégia de antecipação*, ou seja, anuncia, de antemão, que o argumento introduzido pelo *embora* vai ser anulado, "não vale". (ver também Koch, 1984; Koch, 1989.)

H) *Operadores que têm por função introduzir no enunciado conteúdos pressupostos: já, ainda, agora*, etc.
Se digo:

12. Paulo mora no Rio.

meu enunciado não encerra nenhum pressuposto. Se, porém, eu disser:

13. Paulo *ainda* mora no Rio.
ou (13') Paulo *já* não mora no Rio.

introduzo o pressuposto de que *Paulo morava no Rio* antes.

Já em:

14. Paulo *agora* mora no Rio.

O conteúdo pressuposto é que *Paulo não morava no Rio* anterior-mente (cf. item 2).

I) *Operadores que se distribuem em escalas opostas*, isto é, um deles funciona numa escala orientada para *a afirmação total* e o outro, numa escala orientada para a *negação total*. Às vezes, tais operadores são morfologicamente relacionados, como é o caso de *um pouco* e *pouco*. Observe-se:

15. Será que Ana vai passar no exame?
(15a) Ela estudou um pouco ( ——▷ tem possibilidade de passar)
(15b) Ela estudou pouco (——▷ provavelmente não passará)

Graficamente, teríamos as seguintes escalas:

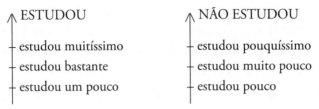

Vê-se, assim, que o emprego de certos operadores obedece a regras combinatórias, ou seja, eles não entram nos mesmos contextos argumentativos. É o que acontece também com *quase* e *apenas* (*só, somente*). Por exemplo:

16. *R*: O voto não deveria ser obrigatório.
    (16a) Arg. 1: A maioria dos cidadãos já vota conscientemente: *QUASE* 80%.
    (16b) Arg. 2: São poucos, mesmo agora, os que votam conscientemente: *APENAS* 30%.

Nota-se que também aqui o operador *QUASE* aponta para a afirmação da totalidade e, por isso, se combina com a *maioria*; ao passo que o operador *APENAS* orienta para a negação da totalidade, o que permite o seu encadeamento com *poucos*.

Existem ainda outros tipos de operadores argumentativos, muitos dos quais foram por mim estudados nos livros *A Coesão Textual*, nesta mesma coleção, e *Argumentação e Linguagem*, para os quais remeto o leitor para um maior aprofundamento da questão.

O que é importante ressaltar, mais uma vez, é que todos esses operadores fazem parte da gramática da língua.

Mas, como é fácil verificar, trata-se de elementos que – por falta de tempo ou por outras razões que não cabe aqui discutir – têm merecido pouca atenção nos livros didáticos e nas aulas de língua portuguesa, já que pertencem às *classes gramaticais invariáveis* (advérbios, preposições, conjunções, locuções adverbiais, prepositivas, conjuntivas) ou, então, são palavras que, de acordo com a N.G.B. (Nomenclatura Gramatical Brasileira), não foram incluídas em nenhuma das dez classes gramaticais, merecendo, assim, "classificação à parte" (em várias gramáticas, são denominadas *palavras denotativas ou denotadores* de inclusão, de exclusão, de retificação, etc.). Acontece, porém, que são justamente essas "palavrinhas" (tradicionalmente descritas como "meros elementos de relação, destituídas de qualquer conteúdo semântico") as responsáveis, em grande parte, pela força argumentativa de nossos textos.

## EXEMPLIFICAÇÃO

Texto 1 – Caio Domingues & Associados Publicidade

Nós trabalhamos com ideias. As ideias não têm cheiro, *mas* algumas são percebidas de longe. As ideias não têm tamanho, *mas* algumas ocupam bibliotecas. As ideias não têm duração, *mas* algumas não morrem jamais. Nós trabalhamos com *algumas* ideias. Ideias que entrem por um ouvido e não saiam pelo outro. Ideias que acendam a imaginação. Ideias que sensibilizem as pessoas e logo se transformem em ações.

É um perigo trabalhar com ideias. Tem gente que morre de medo. *Mas* quando a ideia é boa, consistente e cheia de graça, a maioria gosta que se enrosca. *E* nós ficamos recompensados. Há 10 anos que estamos nesta luta e *quase* não temos reclamações. Felizmente, enquanto houver homens, macacos e outros bichos na face da terra, haverá ideias. Melhor que uma boa ideia, só outra ideia melhor.

*IstoÉ*, 6/10/1982

Toda a primeira parte do texto é construída sobre oposições assinaladas pelo operador *mas*:

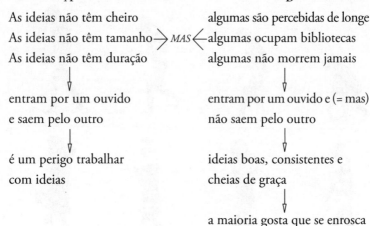

Retomando a metáfora da balança, de Ducrot, verifica-se que os argumentos colocados no prato *A* orientam para a conclusão "é um perigo trabalhar com ideias" (já que elas não têm cheiro, nem tamanho, nem duração, e, portanto, "entram por um ouvido e saem pelo outro"). Os argumentos do prato *B*, por sua vez, orientam para a conclusão oposta: quando "as ideias são boas, consistentes e cheias de graça", "a maioria gosta que se enrosca", de modo que tais ideias entram por um ouvido e (=mas) não saem pelo outro. E é exatamente com esse segundo tipo de ideias que a Caio Domingues & Associados Publicidade diz trabalhar. Observe-se que, no enunciado inicial, diz-se "nós trabalhamos com ideias"; mas, depois de feito o "jogo da balança", passa-se a dizer "nós trabalhamos com *algumas* ideias". Quais? Justamente aquelas ("algumas") que são percebidas de longe, ocupam bibliotecas e não morrem jamais, das quais "a maioria gosta que se enrosca".

Na segunda parte, tem-se nova oposição:

| é um perigo trabalhar com ideias | MAS | quando a ideia é boa, consistente e cheia de graça, a maioria gosta que se enrosca |
|---|---|---|
| ↓ | | ↓ |
| Tem gente que morre de medo | | e *nós* ficamos recompensados |

Isto é, a maioria das pessoas (inclusive as empresas concorrentes) têm medo de trabalhar com ideias (v. "prato" *A* do esquema anterior); só tem sucesso quem trabalha com o segundo tipo de ideias ("prato" *B*) – esse alguém somos "*NÓS*", que, por isso, ficamos recompensados, tanto que "há dez anos estamos nessa luta e *quase* não temos reclamações".

O operador *quase* exerce importante função argumentativa: dizer "não temos reclamações" levaria a duvidar da seriedade, da honestidade do locutor, já que seria impossível, em dez anos, não ter havido nenhuma reclamação. Ao utilizar o *quase*, o locutor se resguarda de uma possível acusação de insinceridade, mas diz praticamente o mesmo, pois, como vimos, o operador *quase* pertence à escala que orienta no sentido da totalidade, ou seja, aponta para a afirmação da totalidade ("não temos reclamações").

Os dois enunciados finais, primeiramente, retomam a afirmação de que ideias todos têm: "homens, macacos e outros bichos". Mas *boas* ideias (aquelas do "prato" *B*) só são atributo de uma minoria – aqui representada pela Caio Domingues, o que lhe permite, inclusive, *comemorar os próximos 10 anos*, como se lê no espaço intermediário entre as duas colunas. Isto porque, por ter *aquelas* ("algumas") ideias, ela *não* será jamais – agora relacionando com a ilustração – uma *espécie ameaçada*. (Espécie ameaçada são aqueles que têm ideias banais, as do "prato" *A*.)

Não sendo uma espécie ameaçada, a Caio Domingues pode comemorar *por antecipação os próximos dez anos* (e não apenas os dez anos que já se passaram), mesmo porque "melhor que uma boa ideia, só outra ideia melhor" – e a Caio tem certeza de que terá sempre ideias ainda melhores.

Texto II – O começo do fim?

# O começo do fim?

O processo de isolamento político do presidente Fernando Collor já se iniciou há algum tempo, mas nesta segunda-feira vai se aprofundar perigosamente, com o comício convocado pelo governador do Rio de Janeiro, Leonel Brizola, quando o PDT deverá fechar questão em favor do impeachment, na esteira das manifestações de rua. Só falta o governador baiano Antônio Carlos Magalhães pular do barco, o que aliás poderá acontecer a qualquer momento. Foi o que ele fez no estertor do regime militar, quando, ao pressentir o naufrágio iminente da ditadura, passou para o lado de Tancredo Neves e da Aliança Democrática.

Brizola e ACM são os dois principais suportes do presidente, embora sejam adversários políticos e vivam trocando farpas entre si. Apesar das diferenças ideológicas, eles apóiam Collor de Mello por razões parecidas: ambos querem recursos para seus Estados. O governador da Bahia, no entanto, é mais ambicioso e deseja mesmo se tornar dono do governo. Mas as manifestações no Rio de Janeiro e em todo o País pressionaram Brizola a mudar de posição. E ACM, por sua vez, perceberá mais rápido do que muitos imaginam que sozinho não terá condições de sustentar o presidente da República. Sem contar as agremiações menores que estão abandonando o governo, o PFL está rachado.

Sem Brizola e com o risco da deserção de ACM, além da pressão das manifestações de rua em favor do impeachment, não será surpresa se o presidente vier a renunciar, embora isto possa parecer impossível. Ninguém governa sem base parlamentar. Não tem consistência a idéia de que o País venha a reviver o período de 1922 a 1926, quando o então presidente Arthur Bernardes governou em permanente "estado de sítio". Collor poderia lançar mão das Medidas Provisórias, como o fez em muitas ocasiões. A diferença é que no e existe uma opinião pública nacional vigorosa, diferente da República Velha e dos anos 20. (= MAS)

Há quem recorde o episódio da campanha das diretas em 1984, quando milhões de pessoas foram às ruas das capitais brasileiras e no final de tudo a Emenda Dante de Oliveira foi vergonhosamente derrotada no Congresso Nacional. Aqui também há uma diferença: a ditadura estava no fim, mas ainda amedrontava muita gente. Tratava-se de um confronto puramente político, para não dizer quase ideológico. E assim mesmo aquela gigantesca movimentação desembocou na eleição indireta de Tancredo Neves, justamente porque muitos governistas da época saltaram do barco. Quer dizer, a vontade da Nação acabou prevalecendo.

Hoje, quando pessoas completamente avessas à participação política se posicionam contra a corrupção, pedem o afastamento do presidente da República e cadeia para PC Farias e seus asseclas, quando adolescentes enchem ruas e praças em protesto contra a falta de vergonha no governo, há que se ter a sensibilidade para perceber que os tempos são outros. Que a sociedade está farta de tanta safadeza. Nenhum governo agüenta por muito tempo a rejeição e o repúdio do seu povo. A menos que aconteça um milagre, surjam do nada os empregos que faltam para os trabalhadores e a inflação caia vertiginosamente. **(JAP)**

*Shopping News*, 23/8/1992

No Texto II, essencialmente argumentativo (comentário político), pode-se verificar a importância dos operadores argumentativos na construção do sentido, responsáveis que são pela orientação argumentativa do texto. Além dessas marcas enunciativas (que se encontram circuladas), há várias outras que serão estudadas a seguir – indicadores modais, marcadores de pressuposição, indicadores atitudinais e avaliativos, algumas das quais estão também sublinhadas no texto.

## Marcadores de Pressuposição

Referi-me, no item anterior, a elementos linguísticos – no caso, os operadores argumentativos – que, quando presentes no enunciado, introduzem nele conteúdos semânticos adicionais os quais, sem a presença deles, não existiriam. A esses conteúdos, que ficam à margem da discussão, costuma-se chamar de *pressupostos* e às marcas que os introduzem, *marcadores de pressuposição*. Além dos operadores argumentativos já mencionados, existem outros elementos linguísticos introdutores de pressupostos, entre os quais se podem citar:

1. *Verbos que indicam mudança ou permanência de estado, como ficar, começar a, passar a, deixar de, continuar, permanecer, tornar-se,* etc. Por exemplo, em:

17. Pedro deixou de beber

18. Pedro continua bebendo

temos o conteúdo pressuposto: "Pedro bebia".

Já em:

19. Pedro começou a trabalhar

20. Pedro passou a trabalhar

o conteúdo pressuposto é: "Pedro não trabalhava".

2. *Verbos denominados "factivos", isto é, que são complementados pela enunciação de um fato (fato que, no caso, é pressuposto): de modo geral, são verbos de estado psicológico, como lamentar, lastimar, sentir, saber, etc.* Por exemplo em:

21. $\left\{\begin{array}{l}\text{Lamento}\\\text{Lastimo}\\\text{Sinto}\end{array}\right\}$ que Maria tenha sido demitida.

ou

22. Não sabia que Maria tinha sido demitida.

*lamenta-se, lastima-se, desconhece-se o fato* de Maria ter sido demitida (que é, portanto, pressuposto).

Cabe observar, contudo, que existe também uma "*retórica da pressuposição*", recurso argumentativo bastante comum em nosso cotidiano, que consiste em apresentar *como se fosse pressuposto* justamente aquilo que se está querendo veicular como informação nova; trata-se de uma "manobra" argumentativa. É comum encontrarmos, em estabelecimentos comerciais, postos de gasolina, etc., avisos do tipo:

23. Lamentamos não aceitar cheques.

ou recebermos (por exemplo, de órgãos financiadores) respostas como:

24. Lamentamos não poder atender à sua solicitação.

Nesses casos, o *fato* de *não aceitar cheques* ou *não poder atender a uma solicitação*, que linguisticamente é dado como pressuposto, está, justamente, sendo anunciado, isto é, constitui a informação principal. Trata-se, em geral, de uma forma de "atenuação", ou seja, um recurso para veicular de maneira cortês uma informação que não atende aos interesses do interlocutor.

3. *Certos conectores circunstanciais, especialmente quando a oração por eles introduzida vem anteposta: desde que, antes que, depois que, visto que, etc.* Por exemplo:

25. *Desde que Luís ficou noivo,* não cumprimenta mais as (pp: Luís ficou noivo) amigas.

26. *Antes que Napoleão mandasse invadir Portugal,* a corte (pp: Napoleão mandou invadir Portugal) de D. João transferiu-se para o Brasil.

27. *Visto que você já conhece esse assunto,* falemos de coisas (pp: você já conhece esse assunto) mais interessantes.

Estamos aqui considerando apenas os casos de pressuposição linguisticamente marcada. Aqueles que *não* se apresentam com algum tipo de marca linguística, são, por vezes, classificados como subentendidos, outras vezes como pressuposições em sentido amplo ou, simplesmente, como inferências (cf. cap. "Linguagem e Ação").

Observe-se o seguinte exemplo:

28. Jorge comprou um Rolls Royce zero km.

Há, neste enunciado, vários conteúdos implícitos:

a. Jorge tem um carro.
b. Jorge possuía uma quantia em dinheiro suficiente (dele mesmo ou emprestada, pouco importa) para pagar o carro.
c. Jorge é rico.
d. Jorge é melhor partido que Afonso.

Em *a* e *b*, pode-se falar em pressuposição linguística. O verbo *comprar* tem, aproximadamente, a seguinte descrição semântica: "fazer passar um objeto da posse de *A* para a posse de *B* mediante a entrega, por *B* a *A*, de uma certa quantia em dinheiro". Portanto, *B* passar a ter um carro e *B* ter tido a quantia suficiente para o pagamento são conteúdos pressupostos pelo verbo *comprar*. Já em *c*, exige-se do interlocutor determinado conhecimento de mundo, isto é, que o Rolls Royce é um dos carros de preço mais elevado, ainda mais em se tratando de um modelo zero km. Quanto a *d*, é o contexto que vai possibilitar essa inferência, ou seja, favorecer ou não essa leitura: se duas garotas estão conversando a respeito de suas últimas "conquistas", exaltando-lhes as qualidades, e uma delas pronuncia (28), é bem possível que a outra atribua ao enunciado o sentido *d*. Tanto no caso de *c* como de *d*, parece preferível falar em *subentendidos*, reservando o termo *pressupostos* apenas para os casos de pressuposição linguística.

## INDICADORES MODAIS OU ÍNDICES DE MODALIDADE

Os indicadores modais, também chamados modalizadores em sentido estrito, são igualmente importantes na construção do sentido do discurso e na sinalização do modo como aquilo que se diz é dito. O estudo das modalidades vem desde a lógica clássica e permeia toda a semântica moderna. Não pretendo aprofundar-me aqui nos aspectos lógicos da questão, mas tão somente apontar os meios linguísticos por intermédio dos quais as modalidades se apresentam ("lexicalizam") no discurso. Os principais tipos de modalidade apontados pela lógica são:

necessário/possível
certo/incerto, duvidoso
obrigatório/facultativo

Um mesmo conteúdo proposicional (cf. cap. "Linguagem e Ação") pode ser veiculado sob modalidades diferentes. Por exemplo:

29. É necessário que a guerra termine.
   É possível que a guerra termine.
   É certo que a guerra vai terminar.
   É provável que a guerra termine.

30. É obrigatório o uso de crachás.
   É facultativo o uso de crachás.

Nesses exemplos, as modalidades estão lexicalizadas sob forma de *expressões cristalizadas* do tipo "*é + adjetivo*". Existem, no entanto, diversas outras formas de expressão da modalidade:

certos *advérbios* ou *locuções adverbiais* (talvez, provavelmente, certamente, possivelmente, etc.); *verbos auxiliares modais* (poder, dever, etc.); *construções de auxiliar + infinitivo* [ter de + infinitivo, precisar (necessitar) + infinitivo; dever + infinitivo, etc.]; "*orações modalizadoras*" (tenho a certeza de que..., não há dúvida de que..., há possibilidade de..., todos sabem que..., etc.). Vejam-se os exemplos abaixo:

31. Quem vai ao centro *necessariamente* passará pelo novo elevado.

    Quem vai ao centro *deverá passar* pelo novo elevado.

    Quem vai ao centro *tem de passar* pelo novo elevado.

32. *Possivelmente*, viajarei no domingo.

    *Talvez* eu viaje no domingo.

    *Pode ser que* eu viaje no domingo.

33.
$$\left\{\begin{array}{l} \textit{Certamente} \\ \textit{Seguramente} \\ \textit{Indubitavelmente} \\ \textit{Com certeza} \end{array}\right\} \text{ele trará a encomenda.}$$

$$\left\{\begin{array}{l} \textit{Estou certo de que} \\ \textit{Tenho a certeza de que} \end{array}\right\} \text{ele trará a encomenda.}$$

34. *Provavelmente* o dólar vai subir de novo esta semana.

    *Acho provável que* o dólar suba de novo esta semana.

    *Imagino que* o dólar subirá de novo esta semana.

$$\left\{\begin{array}{l} \textit{Suponho que} \\ \textit{Creio que} \end{array}\right\} \text{o dólar vai subir de novo esta semana.}$$

## Indicadores Atitudinais, Índices de Avaliação e de Domínio

Além dos indicadores de modalidade, existem também os indicadores de atitude ou estado psicológico com que o locutor se representa diante dos enunciados que produz. São exemplos:

38. *Infelizmente*, não poderei ir à sua festa.
39. *Felizmente*, ninguém se machucou na queda.
40. *É com prazer* (satisfação, alegria) que o convido a fazer parte de nossa equipe.
41. Anunciamos, *pesarosamente*, o falecimento de nosso diretor.
42. *Francamente*, não gosto de pessoas exageradas.

A atitude subjetiva do locutor em face de seu enunciado pode traduzir-se também numa *avaliação* ou *valoração* dos fatos, estados ou qualidades atribuídas a um referente. São, em geral, expressões adjetivas e formas intensificadoras, como:

43. O engenheiro realizou um *excelente* trabalho.
44. O orador foi *extremamente feliz* em sua exposição.

Há, ainda, operadores que delimitam o *domínio* dentro do qual o enunciado deve ser entendido (exs. 45 e 46) ou o *modo* como ele é formulado pelo locutor (exs. 47 e 48):

45. *Politicamente*, ele está desmoralizado.
46. *Geograficamente*, o Brasil é um dos maiores países do mundo.
47. *Resumidamente*, pode-se dizer que a desavença se deu da seguinte maneira: ...
48. Vou abordar *concisamente* esse aspecto da questão.

## Tempos Verbais

Vimos, no capítulo anterior, que, para Benveniste, os tempos verbais caracterizam ora a ordem do *discurso* (discurso intersubjetivo), ora a ordem da "história" (discurso histórico). Harald Weinrich, um linguista alemão, também toma os tempos verbais como base para a sua distinção entre dois tipos de atitude comunicativa: o *mundo comentado* (ou *comentário*) e o *mundo narrado* (ou *relato*). (Veja-se, também, *A Coesão Textual*, nesta coleção).

No *mundo comentado*, o locutor responsabiliza-se, compromete-se com aquilo que enuncia, isto é, há uma adesão máxima do locutor ao seu enunciado, o que cria uma "tensão" entre os interlocutores que estão diretamente envolvidos no discurso; no *mundo narrado*, a atitude do locutor é distensa, "relaxada": ele se distancia do seu discurso, não se compromete com relação ao dito: simplesmente *relata* fatos, sem interferência direta (lembre-se o que dizia Benveniste com relação à "história": é como se os fatos se narrassem a si mesmos).

Segundo Weinrich, que tomou por base os tempos verbais do francês, são tempos do mundo comentado o *presente*, o *futuro do presente*, o "passé composé" (pretérito perfeito composto) e todas as locuções verbais formadas por esses tempos; e pertencem ao *mundo narrado* os pretéritos imperfeito, mais-que-perfeito, o "passé simple" (pretérito perfeito), o futuro do pretérito e todas as locuções em que entram esses tempos.

É por se tratar de *mundo comentado* que as *manchetes* de jornal, em sua maioria, trazem o verbo no *presente*, ainda que o fato a ser discutido tenha acontecido no passado ou deva ocorrer futuramente; é também por isso que, quando se resenha um filme, um livro, uma peça teatral, para fazer a crítica, o argumento resumido traz os verbos no presente (ainda que a trama se passe no passado).

Weinrich explica uma série de fenômenos linguísticos através dessa teoria. Por exemplo, costuma-se dizer que os tempos da descrição são o *presente* e o *imperfeito do indicativo*, sem, contudo, explicar o seu uso. Ora, diz o autor, quando a descrição faz parte do *mundo narrado* (por ex., descrição de paisagens, ambientes e personagens na narrativa), usa-se o pretérito imperfeito; por outro lado, se ela aparece no *mundo comentado* (por ex., no corpo de um texto opinativo, crítico, etc.), usa-se o presente.

Também o discurso relatado é explicado por Weinrich com base na sua teoria dos tempos verbais. O discurso (estilo) *direto* pertence ao *mundo comentado*; o indireto, ao *mundo narrado*. Daí a necessidade de, na passagem do estilo direto ao indireto (ou vice-versa), proceder-se à mudança dos tempos – e também dos advérbios temporais e locativos, além das pessoas verbais. O estilo indireto livre ficaria, segundo o autor, a meio caminho entre o mundo comentado e o narrado: é por isso que a "tradução" de um mundo para outro não se realiza na íntegra. Isto é, embora o tempo verbal sofra as mudanças relativas ao "mundo" (comentado ou narrado), os demais elementos não recebem qualquer alteração.

Além da *atitude comunicativa*, o sistema temporal do verbo permite, segundo Weinrich, indicar, também, a perspectiva e o relevo.

Quanto à *perspectiva*, existem os tempos-zero (tempos-base, isto é, tempos sem perspectiva), em cada mundo: no comentado, o *presente*; no narrado, o *pretérito perfeito* e o *pretérito imperfeito*.

A perspectiva *retrospectiva*, no mundo comentado, é dada pelo *pretérito perfeito composto* e a *prospectiva*, pelo *futuro do presente*; no mundo narrado, a *retrospectiva* é assinalada pelo *pretérito mais-que-perfeito*, e a *prospectiva*, pelo *futuro do pretérito*.

A indicação do *relevo* ocorreria somente no mundo narrado: o pretérito perfeito simples indica o *primeiro plano* (ação propriamente dita) e o *pretérito imperfeito*, o segundo plano (pano de fundo, *background*).

No entanto, a classificação dos tempos verbais de Weinrich, que, como dissemos, tomou por base o francês, apresenta alguns problemas, pelo menos no tocante ao português: o mais sério deles é que, em nossa língua, o *pretérito perfeito simples* é extremamente frequente, tanto em textos do mundo comentado, como do mundo narrado. É preciso, pois, admitir sua presença nos dois "mundos", embora com valores diferentes: no mundo narrado, ele é o *tempo-zero*, o *tempo-base*, *sem perspectiva*; no mundo comentado, o tempo-zero é o presente, e o pretérito perfeito tem valor *retrospectivo* com relação ao tempo-zero. Observem-se os esquemas:

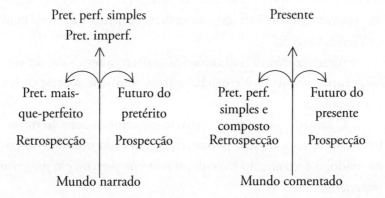

Outra noção importante da teoria de Weinrich é a de *metáfora temporal*: pode ocorrer o emprego de um tempo de um dos mundos no interior do outro. Tal tempo terá, então, um valor metafórico: o uso de um tempo do mundo comentado no interior do mundo narrado significa maior engajamento, atenção, relevância (por exemplo, o uso do presente "histórico" ou narrativo); o emprego de um tempo do mundo narrado em um texto do mundo comentado significa menor comprometimento, distância, irrealidade, cortesia, etc. Vejam-se os exemplos (49) a (52).

49. A caravana caminhava lentamente pelo areal deserto. De repente, *ouve-se* um forte ruído e, diante dos beduínos assustados, *surge* um disco-voador.

O uso do *presente* marca, nesse caso, o momento culminante, mais relevante da narrativa.

50. O presidente *estaria* disposto a negociar com os grevistas (trecho de uma notícia de jornal).

O jornalista não se *compromete*, não assume a responsabilidade do fato noticiado: quem o afirma é "alguém", alguma fonte autorizada, enfim, outra voz introduzida no discurso (tem-se, pois, outro caso de *polifonia* – cf. item "Índices de Polifonia").

51. "Agora eu *era* o herói e o meu cavalo só falava inglês..." (Chico Buarque)

52. Você, me *emprestava* (*emprestaria*) o caderno até amanhã?

Em (51), o pret. imperfeito indica *irrealidade*; em (52), constitui marcador de atenuação (cortesia).

O uso dos tempos do mundo comentado torna um texto *explicitamente* opinativo, crítico, argumentativo.

Isso não significa, porém, que não se possa argumentar por meio de textos do mundo narrado, quer se trate de (aparentes) relatos jornalísticos (Texto III), quer de fábulas, alegorias, parábolas (Texto IV), casos em que, normalmente, a argumentação se encontra velada, cabendo ao leitor/ouvinte descobri-la. Para tanto, poderá servir-se de outros índices de subjetividade, entre os quais os estudados neste capítulo, bem como de seu conhecimento de mundo. Para comprovar o que estamos afirmando, basta ler atentamente os Textos III e IV.

Texto III – Concerto público

Deputado reintroduz o pianismo na Câmara

## Concerto público
### Deputado reintroduz o pianismo na Câmara

Na tarde de terça-feira, 17, o Congresso Nacional gastou apenas 20 minutos, das 17h10 às 17h30, para aprovar 68 projetos de crédito suplementar ao Orçamento de 1991. Tanta eficiência permitiu ao governo federal gastar mais Cr$ 5,3 trilhões nos últimos 14 dias do ano. Na ponta do lápis, deputados e senadores autorizaram Cr$ 265 bilhões em despesas por minuto. No dia seguinte, no mesmo plenário, 75 deputados gastaram duas horas e meia em discursos de solidariedade ao colega Nilton Baiano (PMDB-ES), que fora flagrado no domingo, 15, e na segunda, 16, votando duas vezes na mesma sessão. De fato, o fotógrafo Gilberto Alves, do *Jornal do Brasil*, registrou os movimentos suspeitos de Baiano e a aparição, no painel de votações, do nome do deputado João Baptista Motta (PSDB-ES), que divide apartamento com Baiano. "Votaram por mim", admitiu Motta, atribuindo a fraude a "algum canalha".

Em depoimento não gravado a um jornalista, porém, o deputado capixaba confessou ter entrado em um motel de Brasília na noite de sábado, 14, e só deixou o local na manhã de segunda-feira, enquanto se votava no Congresso. O registro de seu nome lhe garantiria, assim, não apenas o jeton mas um álibi para a escapadela. O presidente da Câmara, Ibsen Pinheiro (PMDB-RS), seu vice, Inocêncio Oliveira (PFL-PE), e o corregedor Waldir Pires (PDT-BA) tomaram conhecimento da versão e esperavam confirmá-la com o próprio deputado. "O que não se pode negar é que houve a fraude, mas falta apurar sua autoria", ponderava Pires. Os 75 deputados de todos os partidos (menos do PT) que se solidarizaram com Baiano preferiram não ponderar nada e partiram, quase todos, para atacar a imprensa, que registrou a fraude. Antônio Britto (PMDB-RS), notabilizado por ter dito à Nação, durante 49 dias em 1985, que trazia "boas notícias" sobre a saúde do moribundo Tancredo Neves, antes de anunciar sua morte, decidiu dar lições de jornalismo: "Alerto os colegas jornalistas que se está indo longe demais no caminho da presunção", presumiu antes de apurar os fatos.

**Baiano: flagrante e solidariedade**

*IstoÉ Senhor*, 25/12/1991

## Texto IV – Se os tubarões fossem homens

– Se os tubarões fossem homens – perguntou ao sr. Keuner a filha de sua empregada – seriam mais amáveis para com os peixinhos?

– Naturalmente, respondeu ele. Se os tubarões fossem homens, construiriam no mar grandes reservatórios para os peixinhos e os proveriam com todo o tipo de alimentos, tanto vegetais quanto animais. Cuidariam para que a água dos reservatórios estivesse sempre limpa e adotariam toda a sorte de medidas sanitárias.

Se, por exemplo, um peixinho se ferisse na barbatana, imediatamente se lhe aplicaria uma atadura para que não morresse antes do tempo de ser comido pelos tubarões.

Para que os peixinhos não ficassem propensos à melancolia celebrar-se-iam, de tempo em tempo, grandes festas aquáticas, pois peixinhos alegres são mais saborosos que peixinhos tristes.

Evidentemente esses reservatórios estariam equipados com suas escolas correspondentes. Os peixinhos aprenderiam nessas escolas como se deve nadar na garganta do tubarão. Por exemplo, teriam de aprender geografia, a fim de saber onde encontrar os grandes tubarões que vivem ociosamente em qualquer parte.

Lógico é que o mais importante seria a formação moral dos peixinhos. Dir-lhes-iam que não há nada mais belo e sublime do que um peixinho que se sacrifica alegremente e, também, que todos eles deveriam crer nos tubarões, sobretudo crer que estes velam por sua felicidade futura. Ensinariam aos peixinhos que o futuro só estaria assegurado caso aprendessem obedientemente.

Acima de tudo, os peixinhos deveriam fugir de qualquer inclinação baixa, materialista, egoísta e marxista, além de informar imediatamente aos tubarões quando, em qualquer um deles, se manifestassem tendências semelhantes.

Claro que, se os tubarões fossem homens, também fariam guerras entre si para conquistar outros reservatórios e peixinhos estrangeiros. Ainda que deixassem os mesmos peixinhos lutarem nas batalhas. Diriam, também, que entre eles e os peixinhos de outros tubarões existem profundas diferenças. Pregariam que os peixinhos, mesmo mudos, como todo mundo sabe, calam-se em línguas completamente distintas, sendo, por isso, impossível se entenderem uns aos outros. Cada peixinho que na guerra matasse dois dos peixinhos estrangeiros, inimigos, quer dizer, dos que calam em outra língua, seria premiado com uma pequena condecoração de algas e receberia o título de herói.

A arte também existiria, se os tubarões fossem homens. Pintar-se-iam lindos quadros representando os dentes dos tubarões com cores soberbas, suas gargantas floridas tal qual jardins, onde se poderia "brincar" deliciosamente.

Os teatros do fundo do mar mostrariam valorosos peixezinhos nadando com entusiasmo nas gargantas dos tubarões e a música seria tão encantadora que, aos seus acordes, todos os peixinhos, com a orquestra diante de si, se precipitariam, fantasiosamente e absortos pelas ideias mais sublimes, nas gargantas dos tubarões.

Tampouco não faltaria uma religião se os tubarões fossem homens. Ela pregaria que a verdadeira vida dos peixezinhos só começa na barriga dos tubarões. Além disso, se os tubarões fossem homens, os peixezinhos já não seriam como são agora. Alguns obteriam cargos e se colocariam por cima dos demais peixinhos. Os que fossem um pouco maiores poderiam, inclusive, comer os menores. Isso proporcionaria excelentes resultados aos tubarões, pois assim poderiam obter mais frequentemente porções maiores. E os peixinhos maiores que obtiveram os cargos cuidariam para que reinasse a ordem entre os peixezinhos, a fim de que estes chegassem a ser: professores, oficiais, engenheiros, construtores de reservatórios e etc. Enfim, a civilização reinaria, pela primeira vez, se os tubarões fossem homens.

Brecht, Bertolt

Si los Tiburones fueran Hombres

in *Historias del Señor Keuner*

## Índices de Polifonia

O termo *polifonia* designa o fenômeno pelo qual, num mesmo texto, se fazem ouvir "vozes" que *falam de perspectivas* ou pontos de vista diferentes com as quais o locutor se identifica ou não. Existem determinadas formas linguísticas que funcionam como índices, no texto, da presença de outra voz. Entre estas, podem-se mencionar:

### Determinados operadores argumentativos, como:

a. *ao contrário, pelo contrário.* Exemplo:

53. Roberto não é um traidor. *Pelo contrário*, tem-se mostrado um bom amigo.

O enunciado introduzido por *pelo contrário* não se opõe a "Roberto não é um traidor": *não ser um traidor* e *ser um bom amigo* não se opõem, mas orientam *na mesma direção*. Como explicar a presença da forma *pelo contrário*? É que, na verdade, em (53) faz-se ouvir uma outra "voz" que *afirma* ser Roberto um traidor e é a esta afirmação implícita que se dirige o operador *pelo contrário*.

b. os operadores pertencentes ao grupo do *MAS* e do *EMBORA*: o argumento *p* é sempre atribuído a uma outra voz, à qual se reconhece uma certa legitimidade, se dá uma certa acolhida no interior do discurso como um argumento *possível* para a conclusão *R* (mecanismo "liberal", segundo

Ducrot e Vogt), mas à qual se opõe um argumento próprio *q*, mais forte, que deve levar à conclusão oposta.

c. os operadores *conclusivos*, particularmente em casos em que não se enuncia um dos argumentos (a premissa maior) para a conclusão a que se deseja levar o interlocutor, por se tratar de uma máxima, um provérbio, uma "verdade" aceita na cultura em que se vive (essa voz "ressoa" no discurso). Por exemplo:

54. Carlos é dorminhoco. Não pode, portanto, vencer na vida. ("Quem cedo madruga, Deus ajuda.")

Nesse caso, o locutor *adere*, concorda com a premissa polifonicamente introduzida, argumentando no *mesmo sentido*.

## Os marcadores de pressuposição

Segundo Ducrot, o conteúdo pressuposto por esses marcadores não é de responsabilidade exclusiva do locutor, mas sim é algo partilhado por ele e seu interlocutor, por ele e por terceiros, ou por toda a comunidade a que pertence. Se digo:

55. Mariana *continua* linda.

o pressuposto de que Mariana já era linda é partilhado com mais alguém, no mínimo, com o interlocutor.

## O uso do futuro do pretérito como metáfora temporal

Vimos que, nesse caso, o locutor não se responsabiliza pelo que é dito, atribuindo-o a outrem. Ex.:

56. O técnico do Corinthians *estaria* disposto a se demitir.

(Não sou eu que o digo, ouvi dizer, "alguém" falou.)

## O uso de aspas

O uso de aspas é frequentemente um modo de manter distância do que se diz, colocando-o "na boca" de outros. Exemplo:

57. As "carroças" brasileiras estão cada vez mais sofisticadas.

(Enunciado que produziria certos efeitos de sentido na época do governo Collor.)

São também explicáveis em termos de polifonia muitos fenômenos como a intertextualidade (cf. Koch & Travaglia, 1990; Koch, 1991), a *ironia*, o *discurso indireto livre*, entre outros.

Pelas reflexões feitas neste capítulo, fica patente que a argumentatividade permeia todo o uso da linguagem humana, fazendo-se presente em qualquer tipo de texto e não apenas naqueles tradicionalmente classificados como argumentativos. Como já disse, *não há* texto neutro, objetivo, imparcial: os índices de subjetividade se introjetam no discurso, permitindo que se capte a sua orientação argumentativa. A pretensa neutralidade de alguns discursos (o científico, o didático, entre outros) é apenas uma máscara, uma forma de *representação* (teatral): o locutor se representa no texto "como se" fosse neutro, "como se" não estivesse engajado, comprometido, "como se" não estivesse tentando orientar o outro para determinadas conclusões, no sentido de obter dele determinados comportamentos e reações.

Para reforçar a conclusão a respeito da argumentatividade presente no discurso, examinem-se os elementos sublinhados no Texto V e procure-se detectar as marcas de argumentação nos Textos VI a IX e verificar de que forma eles constroem a orientação argumentativa desses textos.

## Texto V – Um tempo novo, numa nova política?
(Raymundo Faoro)

Enquanto não chega o inglório e vergonhoso fim, quem fala pela Nação são as ruas. O que impressiona não é a idade dos manifestantes – uma grande parte eleitores de primeira viagem –, mas o conteúdo de seu protesto e, eventualmente, de sua mensagem. Até aqui, as vozes populares pediam alguma coisa de outrem – dos políticos, dos militares, do governo, os "salvadores" de outrora. O homem, no palco dos protestos, não era, ele próprio, o agente da ação. O fato que requeria, o fato que se esperava, obedecia a um sistema que Max Weber chamava de "escatologia messiânica". O processo escatológico, que trata dos últimos dias da criação, "consiste então numa transformação política e social deste mundo. Um herói poderoso, ou um deus virá – logo, mais tarde, algum dia – e colocará seus adeptos na posição que merecem no mundo". Agora o objetivo está na própria participação, nas passeatas e nas vigílias, os políticos, os militares, as associações são, só e puramente, uma projeção dos manifestantes.

Se não sobrevier um acidente, estes são dias que, depois que passarem, vão deixar a sua marca no País. A sociedade civil, nas ruas, nas praças, nas grandes e nas pequenas cidades, presente em todos os comícios, proclama sua emancipação do poder político. Na véspera da guerra da independência de seu país, Thomas Paine sentiu o calor desse vendaval. O governo, pôde ele sentir, lhe pareceu como um traje descartável, o emblema da inocência perdida: os palácios estão construídos sobre as árvores caídas do paraíso. O governo, como poder político, até então tolerável pela legitimidade da origem, se desvia da sua órbita, maculando a legitimidade da origem pela ilegitimidade do exercício. O príncipe, atolado na corrupção e no abuso de poder, transforma-se num corpo estranho dentro da sociedade.

Estamos a repetir, num episódio só aparentemente efêmero, toda uma fase da história europeia. Repetir, me parece, não é copiar, mas diante de igual experiência, criar e recriar um roteiro. Que ninguém se engane: o povo não está a pedir a ação dos congressistas para que decretem o impeachment do presidente da República. O povo está, por sua conta, decepcionado de seus representantes, decretando, inapelavelmente, o impeachment, que os políticos confirmarão ou não. E, se for validada a vontade popular, o que acontecerá? Acontecerá alguma coisa com os políticos, nada acontecerá com o povo, subitamente emancipado do poder político. Esta é – como se dizia há pouco – a reprodução da história europeia, que, por iguais caminhos, descobriu – ou inventou – a soberania popular. Estamos a aprender que a soberania não nasce de um documento, a Constituição, nem do título de eleitor, mas da ação política, na hora em que a ação política percebe que dela depende a existência ou a queda do governo.

Tudo começou, fora daqui, como agora e aqui – com a resistência ao poder. Fora daqui, o começo se deu em decorrência da opressão por motivo religioso. Em torno da opressão espanhola na Holanda e da noite de São Bartolomeu, no século XVI, filtrou-se a ideia de que era lícito – lícito, obrigatório e necessário – reagir contra o opressor, fosse ele um usurpador ou um governante que trai o povo. Um dos criadores da doutrina firmou, sobre essa pedra, as bases do constitucionalismo.

Os eleitores do príncipe (então um corpo restrito) se reservam o direito de removê-lo se, abusando do mandato, se corrompe, abusa das funções ou se revela um tirano. Essa é, remotamente, a base do impeachment, na verdade um direito de resistência legalizado e constitucionalizado.

Mas se no direito de resistência está a descoberta da soberania popular, nem tudo acaba se os representantes do povo a ele forem infiéis, no exercício delegado do direito de resistência. Nessa hipótese, trata-se de arrendar não só o alvo do impeachment, mas também os agentes que devem promovê-lo. A quebra de confiança – *breach of trust*, dizia Locke, cuja doutrina é a expressão acabada do movimento europeu de resistência contra o poder – se situa agora em duas instâncias, na superior e nas instâncias intermediárias. Se, na verdade, o que está nas praças não é só a multidão, mas a multidão portadora da soberania popular, que os mandatários infiéis se cuidem – eles, na sua queda, podem arrastar, não as instituições, mas o simulacro que quiserem pôr, falsamente, em seu lugar.

*IstoÉ Senhor,* 2/9/1992

## Texto VI – O Mulato
(Aluísio de Azevedo)

a. À luz de um antigo candeeiro de querosene, reverberava uma toalha de linho claro, onde a louça reluzia escaldada de fresco; as garrafas brancas, cheias de vinho de caju, espalhavam em torno de si reflexos de ouro; uma torta de camarões estalava sua crosta de ovos; um frangão assado tinha a imobilidade resignada de um paciente; uma cuia de farinha seca simetrizava com outra de farinha-d'água; no centro, o travessão de arroz solto, alvo, erguia-se em pirâmide, enchendo o ar com o seu vapor cheiroso.

b. A Praça da Alegria apresentava um ar fúnebre. De um casebre miserável, de porta e janela, ouviam-se gemer os armadores enferrujados de uma rede e uma voz tísica e aflautada, de mulher, cantar em falsete "A gentil Carolina era bela"; doutro lado da praça, uma preta velha, vergada por imenso tabuleiro de madeira, sujo, seboso, cheio de sangue e coberto por uma nuvem de moscas, apregoava em tom muito arrastado e melancólico: Fígado, rins, coração! Era uma vendedeira de fatos de boi. As crianças nuas, com as perninhas tortas pelo costume de cavalgar as ilhargas maternas, as cabeças avermelhadas pelo sol, a pele crestada, os ventrezinhos amarelentos e crescidos, corriam e guinchavam, empinando papagaios de papel.

## Texto VII – Desembargador
(Alcântara Machado)

Desembargador. Um metro e setenta e dois centímetros culminando na careca aberta a todos os pensamentos nobres, desinteressados, equânimes. E o fraque – O fraque austero como convém a um substituto profano da toga. E os óculos – Sim: os óculos. E o anelão de rubi – É verdade: o rutilante anelão de rubi. E o todo de balança – Principalmente o todo de balança. O tronco teso, a horizontalidade dos ombros, os braços a prumo – Que carrega na mão direita? A pasta.

A divina Têmis não se vê. Mas está atrás. Naturalmente. Sustentando sua balança: O Desembargador Lamartine de Campos.

("Laranja da China", in *Novelas Paulistanas*)

## Texto VIII – O Anjo da Noite
(Cecília Meireles)

O guarda-noturno caminha com delicadeza, para não assustar, para não acordar ninguém. Lá vão seus passos vagarosos, cadenciados, cosendo a sua sombra com a pedra da calçada.

Vagos rumores de bondes, de ônibus, os últimos veículos, já sonolentos, que vão e voltam quase vazios. O guarda-noturno, que passa rente às casas, pode ouvir ainda a música de algum rádio, o choro de alguma criança, um resto de conversa, alguma risada. Mas vai andando.

A noite é serena, a rua está em paz, o luar põe uma névoa azulada nos jardins, nos terraços, nas fachadas: o guarda-noturno para e contempla.

À noite, o mundo é bonito, como se não houvesse desacordos, aflições, ameaças. Mesmo os doentes parece que são mais felizes: esperam dormir um pouco à suavidade da sombra e do silêncio. Há muitos sonhos em cada casa. É bom ter uma casa, dormir, sonhar. O gato retardatário que volta apressado, com certo ar de culpa, num pulo exato galga o muro e desaparece; ele também tem o seu cantinho para descansar. O mundo podia ser tranquilo. As criaturas podiam ser amáveis. No entanto, ele mesmo, o guarda-noturno, traz um bom revólver no bolso, para defender uma rua...

E se um pequeno rumor chega ao seu ouvido e um vulto parece apontar na esquina, o guarda-noturno toma a trilhar longamente, como quem vai soprando um longo colar de contas de vidro. E recomeça a andar, passo a passo, firme e cauteloso, dissipando ladrões e fantasmas.

É a hora muito profunda em que os insetos do jardim estão completamente extasiados, ao perfume da gardênia e à brancura da lua. E as pessoas adormecidas sentem, dentro de seus sonhos, que o guarda-noturno está tomando conta da noite, a vagar pelas ruas, anjo sem asas, porém armado.

*(Quadrante 2)* 71

## Texto IX – Vide bula® 1000mg

**Apresentação**

Revendedor autorizado.

**Fórmula**

Cores ........................................................variações temporárias
Formas e estilo ................................................................ 150 mg
Liberdade
Qualidade .......................................................................... 150 mg
Propriedades
Técnicas ............................................................................. 100 mg
Desenvolvimento .............................................................. 100 mg
Propostas de Comportamento ........................................ 500 mg

## Informações ao paciente

A roupa VIDE BULA é criada e produzida dentro das mais avançadas técnicas, proporcionando conforto e qualidade.

## Indicações

Seu uso é de comprovada eficácia.
Durante estudos, foi descoberta redução de irritabilidade e desânimo.
Sua correta administração tem como propriedade moderar excessos de depressões, nostalgias crônicas ou congênitas.
Seu uso prolongado envolve, criando situações de extremo prazer, transformando distintos hábitos arraigados.
Sem contraindicações, deve ser mantido ao alcance de crianças e animais de estimação.

## Precauções

Não foi observada, durante estudos, a interrupção do tratamento e do uso do produto, portanto o laboratório responsável não tem como esclarecer tais problemas, caso ocorram.

## Contraindicações

Analisado e pesquisado o produto, foi constatada a indicação excessiva bastante benéfica, agindo como estimulante e revitalizante do corpo e da mente. Pacientes com histórias e reações adversas podem constituir um grupo de maior risco, sendo necessários intensos conselhos terapêuticos.

## Efeitos secundários

– Indicações inevitáveis ao fazer uso do produto:
A perda do produto age diretamente no sistema neuroló-
gico, causando irritabilidade, secura na boca e descarga de
adrenalina.
O uso mais prolongado reduz visivelmente a idade cronológica
do paciente, mantendo a perfeita e tão desejada sintonia entre
espírito, corpo e mente.

## Informação

Em prolongadas ou curtas viagens, é perfeitamente portátil,
adequando-se à sua bagagem.
Em caso de dúvida **VIDE BULA.**
Não desaparecendo o sintoma, consulte o revendedor mais
próximo.

## Laboratório:

VIDE BULA Comércio e Indústria de Moda Ltda.
Rua Aquilos Lobo, 544 – Floresta
Belo Horizonte – MG – CEP 30150
Fone: (031) 226 9387
CGC: 17.807.272/0001-09

# LINGUAGEM E INTERAÇÃO FACE A FACE

Defendi, nos capítulos anteriores, a visão de linguagem como "inter-ação", ação interindividual e, portanto, social. Por meio dela realizam-se, no interior de situações sociais, ações linguísticas que modificam tais situações, através da produção de enunciados dotados de sentido e organizados de acordo com a gramática de uma língua (ou variedade de língua). Assim sendo, conforme escreve P. Bange (1983), um ato de linguagem não é apenas um ato de *dizer* e de *querer dizer*, mas, sobretudo, essencialmente um *ato social* pelo qual os membros de uma comunidade "inter-agem". Ora, se isso é verdadeiro para qualquer tipo de discurso, é na conversação cotidiana, face a face, que isso se verifica de maneira exemplar. É por isso que Bange afirma:

> Se é exato que "falamos através de textos", isto é, se os discursos constituem de fato o objeto adequado da linguística; se, de outro lado, admitimos que a língua é um meio de resolver os problemas que se apresentam constantemente na vida social, então a *conversação* pode ser considerada a forma de base de organização da atividade de linguagem, já que ela é a forma da vida cotidiana, uma forma interativa, inseparável da situação. (Bange, 1983: 3)

De conformidade com esse e com diversos outros autores, estarei entendendo o termo *conversação* em sentido amplo, de modo a abranger não só todos os eventos de comunicação cotidiana, como também os que fazem parte do exercício de uma profissão (exame médico, aconselhamento, palestra, negócio, etc.) ou os que ocorrem no interior de instituições (escola, hospital, tribunal, etc.).

Todos esses tipos de interação vêm constituindo o objeto de estudo da *Análise de Conversação*.

## A ANÁLISE DA CONVERSAÇÃO

A Análise da Conversação é uma disciplina que se originou no interior da sociologia interacionista (etnometodológica) americana, e tem por princípio trabalhar somente com dados reais, analisados em seu contexto natural de ocorrência. Seu conceito fundamental é, portanto, o de *interação*, o que lhe dá um caráter globalizante e dinâmico; além disso, para ela, a realidade social é constantemente *fabricada* pelos atores sociais em suas interações.

Os primeiros "conversacionalistas" americanos (Sachs, Schegloff, Jefferson, entre outros) preocuparam-se basicamente em estudar a *estrutura da conversação* em termos das atividades (sociais) dos interlocutores: repartição e tomada dos turnos, começo/encerramento de uma conversação, ações que exigem reação imediata do interlocutor (por exemplo, pergunta/resposta, saudação/saudação, solicitação/aceitação ou recusa convite/aceitação ou recusa, etc., das quais se falará mais adiante).

Simultaneamente, procurou-se explicar os processos de constituição e negociação do sentido na conversação e, em decorrência, condutas sociais como os *processos de figuração* ("preservação da face", no dizer de Goffman).

Posteriormente, sobretudo na Alemanha, passou-se a um estudo mais "linguístico" do texto falado, em termos de sua organização (por exemplo, as atividades de composição textual a que se fez referência no cap. "Linguagem e Ação"), e dos *sinais de articulação, dos marcadores conversacionais*, etc., que serão o assunto deste capítulo. Esse tipo de trabalho teve como pioneiro, no Brasil, L. A. Marcuschi e vem sendo também realizado por grupos de pesquisa em diversos estados (São Paulo, Pernambuco, Rio de Janeiro, Santa Catarina, e em Brasília, por exemplo), e foi objeto de estudo, particularmente, da equipe de linguistas engajada na elaboração da parte de "Organização Textual-Interativa" do Projeto Gramática do Português Falado.

Para melhor estudar a organização textual-interativa da conversação, retomarei, em primeiro lugar, as principais diferenças que têm sido apresentadas entre linguagem falada e linguagem escrita.

## LINGUAGEM FALADA X LINGUAGEM ESCRITA

Entre as características distintivas mais frequentemente apontadas entre as modalidades falada e escrita, estão as seguintes:

| Fala | Escrita |
|---|---|
| 1. não planejada | 1. planejada |
| 2. fragmentária | 2. não fragmentária |
| 3. incompleta | 3. completa |
| 4. pouco elaborada | 4. elaborada |
| 5. predominância de frases curtas, simples ou coordenadas | 5. predominância de frases complexas, com subordinação abundante |
| 6. pouco uso de passivas, etc. | 6. emprego frequente de passivas, etc. |

Ocorre, porém, que estas diferenças *nem sempre* distinguem as duas modalidades, mesmo porque existe uma escrita informal que se aproxima da fala e uma fala formal que se aproxima da escrita, dependendo do tipo de situação comunicativa. Assim, o que se pode dizer é que a escrita formal e a fala informal constituem os polos opostos de um contínuo, ao longo do qual se situam os diversos tipos de interação verbal. É possível, contudo, destacar algumas características próprias da *interação face a face*:

1. é relativamente não planejável de antemão, o que decorre, justamente, de sua natureza altamente interacional; assim, ela é *localmente planejada*, isto é, planejada ou replanejada a cada novo "lance" do jogo;
2. o texto falado apresenta-se "em se fazendo", isto é, em sua própria gênese, tendendo, pois, a "pôr a nu" o próprio processo de sua construção;
3. o fluxo discursivo apresenta descontinuidades frequentes, devidas a uma série de fatores de ordem cognitivo-interativa e que têm, portanto, justificativas pragmáticas;
4. o texto falado apresenta, assim, uma sintaxe característica, sem deixar de ter, como fundo, a sintaxe geral da língua.

Em outras palavras, ao contrário do que acontece com o texto escrito, em que o produtor tem maior tempo de planejamento, podendo fazer um rascunho, proceder a revisões, "copidescagem", etc., o texto falado emerge no próprio momento da interação: ele é o seu próprio rascunho. Além disso, em situações de interação face a face, o locutor não é o único responsável pela produção do seu discurso: trata-se, como diz Marcuschi, de uma atividade de *coprodução* discursiva, visto que os interlocutores estão juntamente empenhados na produção do texto: eles não só colaboram um com o outro, como "*co*negociam", "*co*argumentam", a tal ponto que não teria sentido analisar separadamente as produções individuais.

E mais: como é a interação (imediata) que importa, ocorrem pressões de ordem pragmática que acabam por sobrepor-se às exigências da sintaxe. Isso significa que o locutor, frequentemente, vê-se obrigado a "sacrificar" a sintaxe em favor das necessidades da interação, fato que se traduz pela presença, no texto falado, de falsos começos, anacolutos, orações truncadas, etc., bem como a recorrer com frequência a inserções de vários tipos, a repetições e a paráfrases, com o intuito, entre outros, de garantir a compreensão de seus enunciados pelo parceiro.

Assim sendo, os interlocutores põem em prática uma série de "estratégias conversacionais", semelhantes, de certo modo, às máximas de Grice (cf. cap. "Linguagem e Ação"), entre as quais se podem mencionar as seguintes:

1. se perceber que o parceiro já compreendeu o que você pretendia lhe comunicar, a continuação de sua fala, na maioria das situações, se torna desnecessária;
2. logo que perceber que o ouvinte não o está entendendo, suspenda o fluxo da informação, repita, mude o planejamento ou introduza uma explicação;
3. ao perceber que formulou algo de forma inadequada, interrompa-se imediatamente e corrija-se na sequência.

A aplicação dessas estratégias é responsável pelo grande número de "descontinuidades" que têm sido apontadas como características da língua falada, isto é, pela aparente "desestruturação" do texto falado.

## Organização Geral da Conversação

A conversação organiza-se em *turnos*, que consistem em cada intervenção de um dos participantes no decorrer da interação.

Há interações *simétricas*, como as conversas do dia a dia, em que todos os participantes têm igual direito ao uso da palavra; e interações *assimétricas*, como entrevistas, consultas, palestras, em que um dos parceiros detém o poder da palavra e a distribui de acordo com a sua vontade.

Mesmo, porém, nas interações simétricas, não é possível tomar a palavra a qualquer momento (vale a regra: "fale um de cada vez"). Os interlocutores podem assumir o turno nos chamados *espaços de transição*, que se caracterizam por determinadas marcas como: silêncio ou pausas mais longas do detentor do turno, entonação característica, gestos, olhar, sinais de entrega de turno como: então? que acha? de acordo?, etc. O atual detentor do turno pode eleger o falante seguinte; se isto não acontecer, qualquer participante pode assumir a palavra; se nenhum o fizer, aquele que detinha o turno até então pode continuar a falar, até o próximo espaço de transição; e assim sucessivamente.

Quando um participante tenta tomar o turno fora do momento adequado, fala-se em *assalto ao turno*, que pode ser eficaz ou não. Nesses momentos, ocorre normalmente o fenômeno da *sobreposição de vozes*, isto é, por alguns instantes, dois (ou mais) participantes falam ao mesmo tempo, até que um deles desista e o outro fique definitivamente na posse do turno.

Constituem *pares adjacentes* conjuntos de dois turnos em que a produção do primeiro membro acarreta a do segundo, ou seja, o primeiro condiciona a realização do segundo. É o caso dos pares: pergunta-resposta, saudação-saudação, despedida-despedida, cumprimento-agradecimento, convite-aceitação ou recusa, pedido-concordância ou recusa, etc.

Fala-se, no caso, em *relevância condicional*: a produção do segundo membro do par é relevante nessa situação. Embora a sua não ocorrência seja possível, esse fato causaria, no mínimo, estranheza, ou, muitas vezes, sanções sociais mais ou menos graves.

## ORGANIZAÇÃO TÓPICA DA CONVERSAÇÃO

No item anterior, tratou-se rapidamente da organização geral da conversação. Neste item, será examinada a estrutura da conversação em termos de sua organização tópica.

Quando se fala, fala-se de alguma coisa: isto é, durante uma interação, os parceiros têm sua atenção *centrada* em um ou vários assuntos. Tais assuntos são, de certa forma, delimitáveis no texto conversacional: embora, frequentemente, se passe quase insensivelmente de um assunto a outro, ao final de uma conversa, se for perguntado aos participantes sobre o que eles falaram, provavelmente eles serão capazes de enumerar os principais "tópicos" abordados.

Na linguagem comum, *tópico* é, portanto, *aquilo sobre o que se fala*.

A noção de tópico, todavia, é mais complexa e abstrata. É verdade que poderíamos dividir (segmentar) um texto conversacional em fragmentos recobertos por um mesmo tópico. Acontece, porém, que cada conjunto desses fragmentos irá constituir uma unidade de nível mais alto; várias dessas unidades, conjuntamente, formarão outra unidade de nível superior e assim por diante. Cada uma dessas unidades, em seu nível próprio, é um tópico.

Para evitar confusão, podemos denominar aos fragmentos de nível mais baixo de *segmentos tópicos*; um conjunto de segmentos tópicos formará um *subtópico*; diversos subtópicos constituirão um *quadro tópico*; havendo ainda um tópico superior que englobe vários tópicos, ter-se-á um *supertópico*. Observe-se o diagrama:

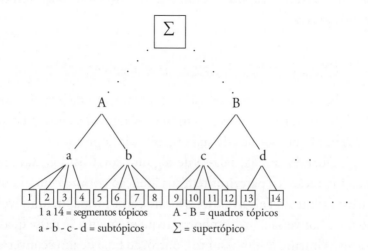

## NORMAS PARA TRANSCRIÇÃO*

| OCORRÊNCIAS | SINAIS | EXEMPLIFICAÇÃO** |
|---|---|---|
| Incompreesão de palavras ou segmentos | ( ) | do nível de renda... ( ) nível de renda nominal |

* Extraídos de CASTILHO, A. T. & D. PRETI. *A linguagem falada culta na cidade de São Paulo*, v. II: *Diálogos entre dois informantes*. São Paulo: T. A. Queiroz/EDUSP, 1986, pp. 9-10.
** Exemplos retirados dos inquéritos NURC/SP nº 338 EF, 331 D2 e 153 D2.

| | | |
|---|---|---|
| Hipótese do que se ouviu | (hipótese) | (estou) meio preocupado (com o gravador) |
| Truncamento (havendo homografia, usa-se acento indicativo da tônica e/ou timbre) | / | e comé/e reinicia |
| Entoação enfática | Maiúsculas | porque as pessoas reTÊM moeda |
| Alongamento de vogal ou consoante (como s, r) | : : podendo aumentar para : : : : ou mais | ao emprestarem os... éh : : : ... o dinheiro |
| Silabação | – | por motivo tran-sa-ção |
| Interrogação | ? | e o Banco... Central... certo? |
| Qualquer pausa | ... | são três motivos... ou três razões... que fazem com que se retenha moeda... existe uma... retenção |
| Comentários descritos do transcritor | ((minúsculas)) | ((tossiu)) |

| | | |
|---|---|---|
| Comentários que quebram a sequência temática da exposição; desvio temático | – – | ...a demanda de moeda – vamos dar essa notação – demanda de moeda por motivo |
| Superposição, simultaneidade de vozes | ligando as [ linhas | A. na casa da sua irmã [ B. sexta-feira? A. fizeram lá... [ B. cozinharam lá? |
| Indicações de que a fala foi tomada ou interrompida em determinado ponto. Não no seu início, por exemplo. | (...) | (...) nós vimos que existem... |
| Citações literais, reproduções de *discurso direto* ou leituras de textos, durante a gravação | " " | Pedro Lima... ah escreve na ocasião... "O cinema falado em língua estrangeira não precisa de nenhuma baRReira entre nós"... |

Observações:

1. Iniciais maiúsculas: não se usam em início de períodos, turnos e frases.
2. Fáticos: *ah, éh, eh, ahn, ehn, uhn, tá* (não por *está: tá?* você *está* brava?)
3. Nomes de obras ou nomes comuns estrangeiros são grifados.
4. Números: por extenso.
5. Não se indica o ponto de exclamação (frase exclamativa).
6. Não se anota o *cadenciamento da frase*.
7. Podem- se combinar sinais. Por exemplo: oh : : : ... (*alongamento e pausa*).
8. Não se utilizam sinais de *pausa*, típicos da língua escrita, como ponto e vírgula, ponto final, dois pontos, vírgula. As reticências marcam qualquer tipo de *pausa*.

É o que se pode verificar no texto abaixo:

## Texto I – Projeto NURC/SP
## Inquérito nº 18 – Tipo I DID Entrevista.

*Casa*

Doc. Dr. J. nós então queríamos perguntar ao senhor... alguma coisa sobre a sua experiência de fazenda experiência nesse caso... ih ah no sentido de descrever por exemplo a casa da fazenda... pra começar se o senhor se lembra

Inf. LEMbro perfeitamente... bom então nós poderíamos começar dizendo que : : ... eu ia pra fazenda na infância... em tempo de férias... a casa da fazenda...

**Casa**

ela era... uma casa antiga... tipo colonial brasileiro... janelas LARgas...

e :: ... mesmo as fechaduras das portas daquelas fechaduras GRANdes et cetera... depois :: o chão era tudo de tábua larga... e os móveis um pouco : misturados quer dizer móveis antigos móveis novos... e :: sempre... precisando fazer restaurações et cetera

Doc. e iluminação?

**Iluminação**

Inf. a iluminação já era com luz elétrica... isso na fazenda... onde eu ia aqui em Campinas... agora lá pra pro lado de Barretos... papai tinha uma fazenda onde não havia ainda luz elétrica... mas já é uma zona mais nova também... então a própria casa era de construção recente... mas não tinha luz elétrica

Doc. e a iluminação era feita como?

Inf. então a :: a iluminação era feita com :: lampião... lampião daqueles tipo Aladim... com camisinha... de :: ... até não sei de que que era feita a camisinha... *mas era assim*

**Terreno**

Doc. e o tipo de terreno onde se situava a fazenda era um terreno plano ou um terreno mais acidentado?

Inf. o terreno era... aqui em Campinas... tem uma parte acidentada... a fazenda era vamos dizer tinha teria duas partes... uma... que é bastante acidentada... e uma outra... plana

Doc. acidentada por quê?

Inf. a a parte acidentada é uma parte vamos dizer de morraria... e justamente servia pro grado... enquanto que a parte plana servia pra :: ... pra culturas em geral

**Doc.** e o que que se cultivava na fazenda?

**Inf.** *bom...* ahn : : até hoje se cultiva apenas eu hoje eu estou afastado : :... do habitat ... ((riu)) mas : cultivava milho... cana-de-açúcar... e culturas que quer dizer não eram constantes culturas anuais... que se renovavam... por exemplo algodão... e : :... depois plantava-se também às vezes eucaliptos... aí aí mais tempo já não é cultura anual né?... mas ta/mas também corta e renova transforma em pasto...

**Doc.** e de manutenção com o pessoal da fazenda não tem nada?

**Inf.** *bom* e havia... aliás quando : :... quando eu ia ainda bem pequeno... aí tinha café... bastante café... então a parte dos empregados da fazenda... quer dizer o número de empregados... era muito grande... porque a cultura do café exigia muitos braços... até que no decorrer do tempo a fazenda foi... diminuindo essa parte do café... e em consequência também diminuiu o número de pessoas... que trabalhava na fazenda.

**Doc.** essas pessoas que trabalham... em fazenda têm um nome especial?

**Inf.** NÃO eram chamá/eram de dois tipos... de acordo com o trabalho... haviam os colonos... e os camaradas... o : :... os colonos... eles recebiam acho que por mês... quer dizer eram como empregados... normais... e o camarada ele : :... se não me falha a memória ele recebia por : : empreitada... por serviço vamos dizer

**Doc.** eu não sei a pre/

**Inf.** *agora* o : : o eu não sei bem porque que chamavam colonos... mas os empregados aqui em Campinas eles eram quase todos... descendentes de... colonos italianos...

Doc. sim

Inf. todos de... mesmo : : nomes italianos... sotaque de italiano... e : : ... até com termos italianos também.

(NURC/SP – DID 18: 1-70).

O trecho da entrevista aqui reproduzido compõe-se de cinco subtópicos – *casa, iluminação, terreno, cultivo, trabalhadores* – que, juntos, compõem o quadro tópico "*fazenda*". Alguns destes, por sua vez, se decompõem em *segmentos tópicos*: o subtópico *casa* é formado dos segmentos tópicos *tipo de construção, chão* (soalho) e *móveis*; o subtópico *iluminação* é composto dos segmentos *iluminação da fazenda de Campinas* e *iluminação da fazenda de Barretos*, o subtópico *trabalhadores* é formado dos segmentos tópicos *número* e *nome* (denominação dada aos trabalhadores em fazendas). Neste trecho da entrevista, os segmentos tópicos se subordinam aos subtópicos em sucessão linear, sem quebras ou descontinuidades. Veremos, mais adiante, um exemplo em que ocorrem descontinuidades no nível linear.

É importante observar que os limites das unidades tópicas são depreensíveis não apenas pelo conteúdo (= assunto), mas também por um conjunto de marcas formais, como:

a. presença, no início de uma unidade, de elementos como: "bom", "bem", "então", "agora", "daí então", etc.

b. presença, no final de uma unidade, de pausas mais prolongadas, entonação característica, frases conclusivas do tipo "é isso ai", "falô" , "você não acha?", "é isso que eu penso", "enfim", "é a minha opinião", além de marcadores conversacionais como "viu?", "percebe?", "certo?", "né?", "tá claro?", "etc., etc., etc.".

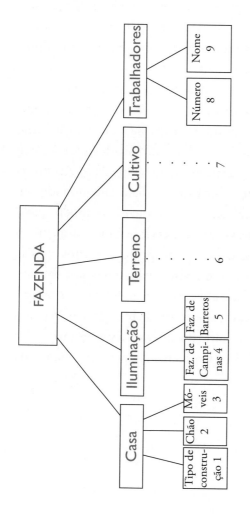

Também certos gestos, movimentos corporais, expressões fisionômicas, bem como a mudança de interlocutor no diálogo podem funcionar como indícios de finalização de unidades tópicas.

É preciso atentar, contudo, ao fato de que nem sempre segmentos tópicos em sucessão linear se subordinam a um mesmo subtópico: um segmento tópico pode *antecipar* um subtópico que será desenvolvido mais adiante, pode *retomar* um tópico aparentemente já encerrado, ou, ainda, vir a constituir com outros segmentos isolados, inicialmente sentidos como digressivos, uma unidade tópica à parte. Em outras palavras, na sequenciação linear dos tópicos ocorrem, muitas vezes, descontinuidades que parecem, à primeira vista, prejudicar a coerência do texto falado. Acontece, porém, que tais segmentos "intrusos" acabam encontrando seu lugar na organização hierárquica dos tópicos, de modo que a aparente incoerência acaba por desaparecer: se não fosse assim, os parceiros de uma conversação ou os participantes de outros tipos de situação de comunicação oral (entrevistas, palestras, aulas, debates, etc.) teriam uma enorme dificuldade de entender uns aos outros, devido às descontinuidades características do texto falado. Vejamos um exemplo em que, ao contrário do anterior, a subordinação dos segmentos tópicos aos tópicos mais altos da hierarquia não se dá de forma sequencial:

Texto – Projeto NURC/SP
Inquérito n° 360 – Tipo D2 (Diálogos entre dois informantes)

**Segmento I**

| | | |
|---|---|---|
| 1 | L1 | ... (uma) de no : : ve... e a outra de seis... |
| | Doc. | a senhora... procurou dar espaço de tempo entre um e OUtro... |
| | L2 | aconteceram ou foram |
| | | [ |
| 5 | Doc. | aconte/... |
| | L2 | programados |
| | Doc. | (isso)... faz favor ( ) |
| | | [ |
| | L1 | a p/ a p/ é... a programação... |
| | | havia sido planejada... mas não deu certo... ((risos)) |
| 10 | L2 | filhos da pílula não? ((risos)) |
| | L1 | não... ((risos)) |
| | L2 | nem da tabela? ((risos)) |
| | L1 | não justamente porque a tabela não : : não deu certo é que : : ((risos)) vieram ao acaso |
| 15 | L2 | ahn ahn |
| | L1 | e : : nós havíamos programado NOve ou dez filhos... não é? |
| | | [ |
| | L2 | (nossa que chique) |
| | | [ |
| | L1 | então... |

| | | |
|---|---|---|
| 20 | L2 | a sua família é grande? |
| | LI | nós somos : : seis filhos |
| | L2 | e a do marido? |
| | | [ |
| | LI | e a do marido... eram doze agora são onze... |
| | L2 | ahn ahn |
| | | [ |
| 25 | LI | quer dizer somos de famílias GRANdes e : : ... então ach/ acho que : : ... dado esse fator nos acostuma-mos a : : muita gente |
| | L2 | ahn ahn |
| | LI | e:: |
| 30 | L2 | e daí o entusiasmo para NOve filhos... |
| | LI | exatamente nove ou dez... |
| | | [ |
| | L2 | ( ) |
| | LI | é e :: mas... depois diante das dificuldades de conseguir quem me ajudasse... nó : : s paramos no sexto filho... |
| 35 | L2 | ahn ahn |
| | LI | não é?... e... estamos muito contentes e... |
| | L2 | e dão muito trabalho tem esses esses problemas de juventude esses negócios ( ) (não está muito na idade né?) |
| | | [ |
| 40 | LI | não por enquanto não porque... estão entrando na as mais velhas estão entrando agora na adoles-cência e... |
| | | [ |

| | L2 | ( ) |
|---|---|---|
| | LI | mas são muito acomodadas... ainda não começaram assim... aquela fase... chamada de... mais |
| 45 | | difícil de crítica |
| | L2 | (chamada mais difícil) |
| | LI | né? |
| | L2 | ahn ahn |
| | LI | ainda não... felizmente (ainda não) começaram |
| 50 | L2 | ( ) |
| | LI | agora... eu acho que : : ... eu... espero não : : ter problema com elas porque... nós mantemos assim um diálogo bem aberto sabe? |
| | L2 | uhn uhn |
| 55 | LI | com as crianças... então... esperamos que não : : haja maiores problemas |
| | L2 | ahn ahn |
| | LI | com o avançar dos anos... enfim... o futuro |
| | | [ |
| | L2 | ( ) |
| 60 | LI | pertence... |
| | L2 | ah |
| | LI | a Deus e não... a nós / |
| | | [ |
| | L2 | ( ) realmente deve ser uma delícia ter uma família gran/bem grande com bastante gente... eu |

**Segmento 3**

**Segmento 4**

|     |      |
|-----|------|
| 65  | eu sou filha única... ah tenho um irmão de treze anos... mas gostaria deMAIS de ter tido... mais irmãos... porque quando: : ... com meu irmão eu já: : já tinha curso universitário já já tinha saído da faculdade quer dizer então não tem quase que vantagem nenhuma não é?/... eu |
| 70  | queria então uma família grande tínhamos pensa : : do... numa família maior mas depois do segundo... já deve estar todo mundo tão desesperado que nós ((risos)) estamos pensando... |

[

L1                           ( )

| 75 | L2 | é (pensamos) seriamente em parar... depois disso ainda ti/tive problemas de... saúde problemas de tiroide não sei quê : : então o médico está aconse lhando a não ter mais... então nós estamos pensando... estamos pensando não ofic/oficialmente não está encerrado... mas de fato está |
| 80 |    | porque : : .... o endocrinologista proibiu terminante mente que eu tenha mais filhos... |

[

L1    ( )

L2    inclusive... se eu tiver... ele disse que vai ser necessá- rio... um aborto... então estamos naquele negócio eh... como fazer: : se faço operação : : – se o marido fa : : z mas ele acha que: : ... de jeito nenhum: : ((risos))

L1    precisa convencê-lo não é?

[

L2                    é precisa realmente estar conven- cido disso e ele é uma coisa que não vai ser fácil convencer então

90   desistimos... eu pelo menos desisti não se toca mais no assunto... mas realmente então está encerrado mas gostaríamos demais de mais filhos embora eu fique quase biruta... ((risos))/porque é MUIto a gente vive de motorista o dia inTEIRO mas o dia inTEIro... uma

95   corrida BARbara e leva na escola ( ) e vai buscar... os dois estão na escola de manhã – – porque eu trabalho de manhã – –... então eu os levo para a escola... e vou trabalhar... depois saio na hora de buscá-los... aí depois tem natação segunda quarta e sexta... os dois... das duas

100   às três... tem que... saio meio-dia da escola (então) tem que vir correndo... almoçar depressa para dar tempo de digestão para poder entrar na escola às duas horas... depois eh : : terça e quinta... a menina faz fonoaudiologia porque ela está com três anos e pouco... e ainda não

105   fala... fala muito pouco... então ela faz... reeduca/... reeducação não mas seria... exercícios com a fonoaudióloga para ver se : :... se começa a falar mais rapidamente...

          [

L1          (sei)...

110 L2   e agora o menino quer judô...

L1       ele é menor?

L2       ele é menor ele tem cinco anos... e além da nata-ção ele quer judô também agora... /eu não tenho nenhuma tarde para mim porque a gente acumula quem trabalha fora

**Segmento7**

| | | |
|---|---|---|
| 115 | | acumula as coisas da ca : : sa... e o trabalho feito fora... né? então : : ... toda a responsabilidade |
| | | [ |
| | L1 | ( ) |
| | L2 | não só de administração da casa... como de compras... tudo... de toda/todas as medidas a serem tomadas... é |
| 120 | | por conta da mãe... quer dizer que então é : : ... fi/acaba sendo uma loucura... e/eu agora eu falo depressa... é tudo correndo... não é mais aquela pessoa assim admirável aquelas pessoas cal: : mas |
| | | [ |
| | Doc. | tranqui : : la |
| 125 | L2 | tranqui : : las... que dificilmente... perdem a cal : : ma perdem o contro : le... falam falam pausadamen : : te que não tem aquele rosto sua : : do assim : : e agora não eu estou estou sempre correndo estou sempre falando tudo depressa porque não dá tempo... |
| 130 | L1 | é... se impôs |
| | | [ |
| | L2 | se a gente for parar... |
| | L1 | essa atitude sua... |
| | L2 | é... ((risos)) exatamente se a gente for parar para fazer as coisas calmamente não dá... pura e simplesmente não |
| 135 | | dá... então a gente corre depressa vai para o carro troca de roupa correndo faz isso faz (não sei que tá tá) |
| | L1 | é... |

|       | L2 | na minha casa de manhã |
|       | L1 | [ <br> ( ) |
| 140 | L2 | é uma loucura ((risos)) |
|       | L1 | na minha casa também porque... saem... ahn : : – cinco... comigo de manhã |
|       | L2 | ahn |
|       | L1 | às sete horas... |
| 145 | L2 | ahn |
|       | L1 | para irem para a escola |
|       | L2 | uhn uhn |
|       | L1 | três es/vão para o colégio e dois vão para uma... um cursinho... de matemática... e o menor então esses cinco |
| 150 |   | saem... e vão... para Pinheiros... |
|       | L2 | uhn uhn... |
|       | L1 | quando não é éh não é dia do meu marido ir para a faculdade... eu fico por Pinheiros e volto para casa agora em dois dias da semana... eu levo faculdade |
| 155 |   | também... não é? <br> [ |
|       | L2 | ahn ahn |
|       | L1 | e : : depois volto para casa mas chego já pronto o outro para ir para a escola... o menorzinho... e fico na : : quelas lidas domésticas <br> [ |
| 160 | L2 | ahn ahn |
|       | L1 | e : : uma coisa e outra... e : : ... agora à tarde vão dois |

**Segmento 8**

|  | | para a escola mas... tem ativi/os que ficam em casa têm atividades extras... |
| --- | --- | --- |
|  | L2 | uhn uhn |
| 165 | L1 | então é um corre-corre realmente... não é?... agora eu assumi também... uma : : secretaria de APM... lá do colégio das crianças |
|  |  | [ |
|  | L2 | certo |
|  | L2 | certo |
|  | L1 | então eu tenho muito muita tarefa também... fora |
|  |  | [ |
| 170 | L2 | ahn |
|  | L1 | de casa não é?... |
|  |  | [ |
|  | L2 | fora de ( ) |
|  | L1 | manter contato com entidades aqui do bairro... com... os pais de alunos e tudo mais quer dizer que dá trabalho |
| 175 |  | então é um corre-corre... durante a semana toda... né? |
|  | L2 | é e a/e ainda agora que estão todos maiores quer dizer cada um já fica mais ou menos responsável por si |
|  | L1 | certo |
|  |  | [ |
|  | L2 | pelo menos na... a...: ah por si... fisicamente né? |
|  |  | [ |
| 180 | L1 | isso já |

**Segmento 9**

**Segmento 10**

se cuidam

[

L2 de higiene de : : : ... trocar de rou : : pa todo esse negócio (quer dizer) já é alguma coisa que eles fazem porque...

[

185 LI ah ajuda demais né?

[

L2 já ajudam bem...

LI agora tem sempre...

L2 um já ajuda o outro

LI numa família grande há sempre um com tarefa de

190 supervisor... por instinto não é por obrigação...

[

L2 ( ) ((risos))

LI então a minha de onze anos... ela supervisiona o trabalho dos cinco... então ela vê se as gavetas estão em ordem... em ordem se o : : material escolar já foi re/arrumado para

195 o dia seguinte... se nenhum : : :

[

LI é

LI fez: : : arte demais no banheiro... porque às vezes... estão tomando banho e ficam jogando água pela janela quer dizer essa... é supervisora nata é assim... ah... toma conta... precocemente não? das : : : atividades dos irmãos ent/... é uma pena...

[

L2 (tem hora que) sai uma briga não é não não sai não?

LI é: : : de vez em quando sai... ((risos)) ela... é : : : tem um

|      |    |                                                                  |
|------|----|------------------------------------------------------------------|

205     temperamento assim muito : : : ... ordeiro então ela... olha pelos irmãos...

L2    ela é pontual?

L1    muito pontual : : :

L2    ela cuida

[

210 L1    ( )...

L2    desses outros?

L1    cuida... e cuida de si... é muito exigente comigo e com o meu marido... essa menina... sabe ela não admite uma falha nossa... no... ponto de vista dela do que seja... o : : : o perfei/a perfeição...

[

215 L2                        o coordenamento dela...

L1    o : : : o normal e tudo mais

L2    ahn ahn

L1    não é?... então... ela está bem ordenada... mas : : : ela não éh : : : ... não tem maturidade... não é ainda... claro... tem

220     onze anos só para nos julgar... mas se sente a... a própria... juiz... sabe? porque é uma tarefa assim... muito SEria o de encaminhá-la... para o... caminho certo...

[

L2                        ahn ahn

225 L1    porque... ela está assumindo... tarefas assim... MUIto precocemente... não é?... e... possivelmente passe essa fase

[

*Segmento I*

|      | L2  | os outros mesmos não se incumbem de colocá-la no lugar dela? |
|------|-----|-------|
| 230  | L1  | bom... com uns TApas... às vezes ela se coloca |
|      | L2  | ahn |
|      |     | [ |
|      | L1  | mas com palavras ela não se coloca porque ela |
|      |     | [ |
|      | L2  | ahn |
|      | L1  | aumenta a voz com os irmãos... não é?... então |
|      |     | [ |
| 235  | L2  | ahn |
|      | L1  | quando sai... aquela folia assim de um correr atrás dela então ela... se cala um pouco |
|      |     | [ |
|      | L2  | ahn |
|      | L1  | mas |
| 240  | L2  | ahn |
|      | L1  | não |
|      | L2  | não se |
|      |     | [ |
|      | L1  | se dobra |
|      | L2  | ahn |
| 245  | L1  | se cala mas não se dobra... sabe? |
|      | L2  | ahn |
|      | L1  | ela não se dá por vencida não |
|      | L2  | porque normalmente quando tem muitos... e um começa... |

**Segmento l 2**

| 250 | L1 | a... bancar o... |
| | L2 | a... a a ((riso)) a tomar atitudes mais ou menos autoritárias os outros mesmos se encarrega/se encarregam de... |
| | | [ |
| | L1 | é |
| 255 | L2 | fazer ( ) exatamente |
| | | [ |
| | L1 | de colocá-lo no lugar né? |
| | L2 | no seu lugar pra não perturbar⁄... eu vejo pelos meus... um só sabe... falar de outro... quando é para falar coisa errada... para contar defeito |
| 260 | L1 | mas quando são amigos |
| | L2 | não quando são amigos escondem tudo |
| | L1 | é... |
| | L2 | é inclusive se há alguma coisa quebrada por exemplo eu chego... foi um dos dois... ou aquele que foi... diz que foi ele que fez... tomou a/(que) fez aquilo ou então é :: é o pai ou a mãe aquele que não estiver presente... se é a mãe perguntando diz que quem quebrou foi o pai ((risos))... se é o pai |
| | L1 | sempre é ( ) |
| 270 | L2 | perguntando diz que quem quebrou foi a mãe ((risos)) |
| | L1 | é sempre uma transferência de |
| | | [ |
| | L2 | é |

Segmento 13

L1    responsabilidades

[

L2            mas um não acusa o outro

275  L1   ahn

L2    de jeito nenhum... agora na mai/... na maioria das vezes eles dizem... (que foi eles... dizem) se acusa

L1    ahn ahn sei

L2    quem foi se acusa (mas o)... quando a : : a a arte é muito

280        grande ou eles estão brincando então... acusam o pai ou a mãe aquele que não estiver presente foi aquele que fez...

L1    é /

Doc.  seus filhos estão com que idade H.?

L2    com três e cinco anos

Doc.  eles têm noção de ho : : ras... noção de : :

horário?

[

L2           olha nós ( )...

( ) têm : : noção de horário... porque eh eles... lá lá em casa é tudo em função de horário...

Doc.  ahn ahn

290  L2  não é verdade? então eles são... obrigados não não sei

[

Doc.  ( )

L2    exatamente se eles têm noção de tempo... mas eles

têm noção de horário que tudo tem hora eles têm noção de

295 atrasados ou não atrasados ((risos)) ( )

[

L1           i s s o    s e    a mãe buZIna... mais brabamente então é porque está atrasado

L2 ( ) (não é) porque sem querer eu vou apitando mais

300 porque... tem que levantar tem que vestir os dois...

L1 são pequeninos né?

[

L2         e tenho que me vestir... porque ambos são pequenos... então eles não aceitam muito a pajem né para éh: : ... aliás não é pajem pajem arrumadeira mas

305 L1 ( )

[

L2 quer dizer não é só não vive em função deles mas de manhã... a única função dela é me ajudar com eles... mas eles não aceitam o menino porque... quer fazer tudo sozinho... no que eu procuro deixar... e a menina porque

310 quer que seja a (mamãe) que faça né? então sou eu que : : tenho que ir fazer et cetera et cetera/... depois o café : : em casa o café é muito demorado... muito complicado quer dizer então até eles comerem todas as coisas que fazem... parte do café eles demo : : ram um briga com o

315 outro a divisão tem que ser ABsolutamente exata...

porque se um tiver mais do que o outro sai um monte de briga na realidade não acabam tomando tudo não comendo tudo que tem

L1   (e eles tem)

320  L2   mas preCISA TER IGUAL

L1   ( )
[

L2   basta ser igual... pode sobrar tudo mas a divisão tem que ser igual

[

Doc.       quanto tempo demora... essa refeição?

325  L2   ah essa refeição... normalmente leva meia hora mais ou menos... porque eles comem bastante coisa realmente.../ quer dizer que então : : é demorado... depois ainda tem que escovar dente para sair... éh tem que cada um pegar sua lancheira o menino pega a pasta porque ele já tem

330    lição de casa quer dizer e uma corrida assim : : – bárbara... e diariamente quase que diariamente eles chegam atrasados... outro dia... ((risos))num mês eles tiveram quinze atrasos... ((risos))quer dizer...
[

L1   então : :...

335  L2   realmente

L1   a percentagem está bem alta não?

[

L2                      está está está está muito alta então eu procuro levantar mais cedo o

> menino detesta escola... então :: ... ele acor :: – da... e te pergunta do quarto

> 340     dele se tem aula... se TEM AUla (ele diz) "DROga estou com sono quero dormir eu tenho dor disso dor daquilo".

Neste inquérito, que foi analisado de forma exaustiva pela equipe dedicada ao estudo da organização textual-interativa no interior do Projeto Gramática do Português Falado (cf. Koch, I. G. V.; Fávero, L. L.; Jubran, C. C. S.; Marcuschi, L. A.; Risso, M. S.; Santos, M. do C. O. T.; Travaglia, L. C.; Urbano, H. "Organização tópica da conversação", in *Gramática do português falado*, vol. II), podem distinguir-se dois supertópicos: família e profissão. O supertópico família divide-se em quatro quadros tópicos (Q.T.): a) *tamanho da família*; b) *papel da mulher casada*; c) *relacionamento entre os filhos*; d) *os filhos e a escola*, que, por sua vez, subdividem-se em vários subtópicos.

Vamos tomar como exemplo o QT "Papel da mulher casada", que contém os subtópicos "trabalho com os filhos", "acúmulo de tarefas dentro e fora do lar", e "abandono da vida profissional por causa dos filhos". Examinemos mais detalhadamente o subtópico "trabalho com os filhos": ele é constituído pelos segmentos *3, 6, 8, 14* e *15* assinalados no texto. Trata-se de segmentos não contíguos no nível linear, já que, entre eles, existem segmentos pertencentes a outros subtópicos: o segmento *4* que, juntamente com o segmento *2*, constitui o subtópico "Tamanho da família de origem"; o segmento *5* que, juntamente com o segmento *1*, constitui o subtópico "planejamento familiar"; os segmentos *7* e *9*, que compõem o subtópico "acúmulo de atividades dentro e fora do lar"; o segmento *10*, que constitui um tópico de transição, isto é, que estabelece uma passagem entre um subtópico e outro; os segmentos *11* e *12*, que formam o subtópico "papel de supervisor de um filho", e, finalmente, o segmento *13*, que, sozinho, constitui o subtópico "cumplicidade entre os filhos de L2". Isto pode ser visualizado no gráfico a seguir.

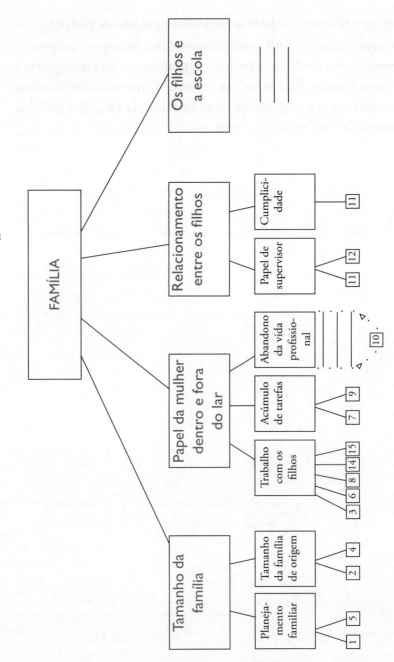

## Legenda

1 Planejamento dos filhos de L1 (1.2-19)

5 Planejamento dos filhos de L2 (1.70-92)

2 Tamanho da família de origem de L1 (1.20-30)

4 Tamanho da família de origem de L2 (1.63-70)

3 Problemas com filhos adolescentes (1.37-62)

6 Trabalho com os filhos – L2 (1.92-113)

8 Trabalho com os filhos – L1 (1.141-165)

14 Noção de horário dos filhos – L2 (283-299)

15 Correria da manhã – L2 (1.300-338)

7 Acúmulo do trabalho dentro e fora do lar – L2 (1.113-140)

9 Acúmulo do trabalho dentro e fora do lar – L1 (1.165-175)

10 Atenuação do acúmulo de tarefas pela autonomia dos filhos maiores (1.176-186)

11 Papel de supervisor exercido pela filha de L1 – atitudes de supervisão (1.187-227)

12 Reação dos outros filhos às atividades de supervisão (1.227-282)

13 Cumplicidade entre os filhos (1.257-282)

Note-se que esses segmentos tópicos podem ainda subdividir-se em outros segmentos de nível inferior. Por exemplo, o segmento *15*, "correria da manhã", compõe-se de três segmentos: a) vestir os filhos (1.300-311); b) café da manhã (1.311-327); c) saída (1.327-338). A análise feita comprova, pois, a afirmação de que os tópicos se organizam hierarquicamente e que as descontinuidades que ocorrem em dado nível se desfazem em níveis mais altos da organização tópica.

## Descontinuidades no Fluxo da Informação no Nível Linear

As descontinuidades no sequenciamento tópico podem ser divididas em dois grandes grupos: *processos de inserção* e de *reconstrução*. Vamos tratar, neste item, dos principais destes processos (para um aprofundamento, remetemos à *Gramática do português falado*; vol. 1: A *ordem*, "Aspectos do processamento do fluxo de informação no discurso oral dialogado").

### Processos de Inserção

Constituem *inserções* segmentos discursivos de extensão variável que provocam uma espécie de suspensão temporária do tópico em curso, desempenhando funções interativas relevantes como: explicar, ilustrar, atenuar, fazer ressalvas, introduzir avaliações ou atitudes do locutor, etc. Observem-se os seguintes trechos do D2-360, analisado acima:

1. L1   então a minha de onze anos... ela supervisiona o trabalho dos cinco... então ela vê se as gavetas estão em orde/... em ordem se o : : material escolar já foi re/ arrumado para o dia seguinte... se nenhum : : :

   [

   L2   é

   L1   fez : : : arte demais no banheiro... *porque às vezes... estão tomando banho e ficam jogando água pela janela* quer dizer essa... é supervisora nata é assim... ah... toma conta... precocemente não? das : : : atividades dos irmãos.

   (D2/SP – 360: 192-200)

No exemplo (1), a função do segmento inserido é fornecer uma explicação adicional.

2. L2    ... tem que levantar tem que vestir os dois...

   LI    são pequeninos né?

                [

   L2               e tenho que me vestir... porque ambos são pequenos ... então eles não aceitam muito a pajem né para eh : : :... *aliás não é pajem pajem é pajem e arrumadeira mas*

   LI    ( )

   L2    *quer dizer não é só é só não vive em função deles,* mas de manhã... a única função dela é me ajudar com eles... mas eles não aceitam o menino porque... quer fazer tudo sozinho... no que eu procuro deixar... e a menina porque quer que seja a mamãe que faça né? então sou eu que . : : tenho que ir fazer et cetera et cetera...

   (D2/SP – 360: 300-311)

Aqui, o primeiro trecho da inserção tem dupla função: *correção* "não é pajem pajem" e *explicação*: "é pajem e arrumadeira". A seguir, a locutora ia retomar o fio discursivo por meio do *mas*, mas resolve esclarecer melhor o que terminou de dizer, através de um outra explicação: "quer dizer não é só é só não vive em função deles". Aí, então, através da repetição do *mas*, retoma o desenvolvimento do tópico.

3. L2    mas eu tenho a impressão que ela acabou se vendo mais

   LI    ( )

| | |
|---|---|
| L2 | ou menos numa ( ) mais ou menos ( ) |
| | [ |
| LI | cerceada não é |
| L2 | cerceada ela chegou a um ponto... *eu não a conheço eu a vi duas ou três vezes eu nunca conversei com ela ( ) mas pelo pelo que chega à gente de terceiros parece que ela (ao menos) tentou lutar tentou lutar e* ::: |
| LI | não ::: |
| L2 | *não conseguiu...* ela também não sei a impressão |
| | [ |
| LI | (insegurança né?) |
| L2 | que eu tenho pelo menos... ela também está meia ::: desiludida... |

(D2/SP – 360:732-744)

Nesse exemplo, o segmento inserido tem a função de diminuir a responsabilidade da locutora com relação ao que ela enuncia (função modalizadora, como foi visto no cap. "Linguagem e Ação"). A locutora não se compromete com aquilo que diz, atribuindo-o a terceiros.

As inserções, além de realizadas por vontade do próprio locutor, podem também ser *heterocondicionadas*. Isto é, o locutor vem desenvolvendo o tópico e o interlocutor, assaltando o turno, faz uma pergunta e/ou pede esclarecimento; então, o locutor é obrigado (pelo princípio da "relevância condicional") a interromper-se e responder ao interlocutor. Se, após a interrupção, ele retomar o fio discursivo, teremos uma inserção heterocondicionada. Exemplo:

4.   LI     ele gosta REalmente ele é vivo... bastante... mas é
             leVAdo demais sabe?... ele fica duas horas...

                           [

  L2                         bem normal um menino
             bem normal né?

  LI     *bem normal graças a Deus não é nenhum* : : : *geniozinho*
             *assim...* quieto... ele: : : passa horas... lendo... mas ele saiu
             dali toda a energia que ele acumulou ali naquele perio-
             dozinho que el/em que ele leu... que : : : geralmente não
             é pequeno esse período... ele sai ele...
             (D2/SP – 360: 1467-1475)

Uma inserção que, pelo menos aparentemente, não desempenha qualquer função relativa ao tópico em curso, isto é, que é sentida como uma "quebra" no fio discursivo, é denominada *digressão*. As digressões, segundo muitos autores, causam um "afrouxamento" da coerência textual, a não ser quando vêm introduzidas por *marcadores de digressão* (a propósito, por falar nisto, abrindo um parêntese, antes que eu me esqueça, desculpe interromper mas... etc.). O uso desses marcadores revela que o falante tem consciência de estar provocando uma ruptura no desenvolvimento do tópico.

Frequentemente as digressões não só são introduzidas por um marcador que alerta o interlocutor quanto à suspensão temporária do tópico, como também são encerradas por meio de outro marcador ("voltando ao assunto", "mas onde é que estávamos mesmo?", etc.), mostrando claramente que se trata simplesmente de um "parêntese" no fluxo discursivo.

As inserções ou digressões constituem um fenômeno bastante comum na conversação. De modo geral, elas não só *não* prejudicam a coerência, mas, pelo contrário, muitas vezes ajudam a construí-la. (veja-se Koch, 1997; 2000).

## Processos de Reconstrução

A reconstrução consiste em uma reelaboração da sequência discursiva, que provoca também uma diminuição de ritmo no fluxo informacional, com a volta de conteúdos já veiculados, ou seja, é como se ocorresse uma "patinação" na progressão discursiva.

Sua função é, geralmente, a de formular melhor ou reformular um segmento maior ou menor do texto já produzido, às vezes para sanar problemas, detectados quer pelo próprio locutor, quer pelo parceiro. Para tanto, o locutor procede a *correções* ou *reparos*, *repetições*, *parafraseamentos* e *adjunções* (acréscimos).

### Correções

Voltemos aos exemplos (1) e (4):

Em (1), L1, em seu primeiro turno, faz uma correção de ordem lexical: "se o : : material já foi *re/arrumado* para o dia seguinte". Ela ia usar um termo com sílaba inicial *RE* (talvez "recolhido"), mas descobre um termo mais adequado e interrompe a enunciação do primeiro, substituindo-o pelo segundo. Em (4), há uma correção relativa à construção sintática no último turno de L1: "naquele periodozinho *que el/em que ele leu...*"

O corte que ocorre em ambos os exemplos é um expediente comum na linguagem falada: já que não se pode "apagar" o que se disse, interrompe-se o quanto antes para apresentar a forma que se considera mais adequada. Frequentemente, repete-se a construção ou o termo considerado inadequado, insere-se um "NÃO" , e corrige-se a seguir. É o caso do ex. (5), em que a locutora procede a duas correções:

5.  L1    depois eh :: terça e quinta... a menina faz fonoaudiologia
          porque ela está com três anos e pouco... e *ainda não*
          *fala... fala muito* pouco então ela faz *reeduca/... reeduca-*
          *ção não mas seria... exercícios... com a fonoaudióloga* para
          ver se :: :... se começa a falar mais rapidamente.
          (D2/SP – 360:103-108)

Também a correção pode ser heterocondicionada, isto é, provocada pelo interlocutor. Este pode simplesmente mostrar estranheza diante do enunciado ou expressão produzidos pelo parceiro, ou então sugerir explicitamente a correção, como se vê em (6), em que ocorrem duas correções, a primeira autorrealizada e a segunda, heterocondicionada:

6.  L2    ... as coisas de casa que a gente *aten/tem que aten-*
          *der* normalmente com crianças BRIgas que a gente
          tem que *repartir*

          [

    L1    apartar

    L2    *tem que apartar* :: isso toda hora
          (D2/SP – 360: 490-494)

## Adjunções

Ocorre reconstrução por adjunção quando, no desenvolvimento do discurso, o locutor percebe que deixou de fornecer uma informação importante relativa ao assunto em pauta ou que há necessidade de complementar uma informação que ficou incompleta, de reavivar na mente do interlocutor algo que já foi dito anteriormente, de dar ênfase a algum aspecto relevante para a boa compreensão do assunto. Nesses casos, tal informação é apresentada *a posteriori*, como um "adendo". Por exemplo:

7.   LI   e... depois volto para casa mas chego já apronto o outro para ir para a escola... o *menorzinho*... e fico naquelas lidas domésticas.

(D2/SP – 360: 157-159)

8.      umas delas... uma de/ah uma das gêmeas... quer ser arquiteta... decoradora... então ela :::: lê a respeito da futura profissão... ela quer saber as matérias que ela vai ter... o curso::.... o segundo ciclo que ela pretende fazer... sabe? bom já está numa : : idade de definição quanto ao segundo ciclo porque elas já estão na oitava série *as mais velhas* não é? então ela... tem muito bom gosto é uma menina ordeira

(D2/SP – 360: 1233-1260)

## Repetições e Parafraseamentos

Repetições e paráfrases são fenômenos extremamente frequentes no texto falado, podendo desempenhar nele diversas funções.

Enquanto processos de *reconstrução*, elas têm função semelhante às correções (reparos), isto é, a de sanar problemas detectados (pelo próprio locutor ou pelo parceiro) em segmentos enunciados anteriormente: repete-se ou parafraseia-se o que foi dito, quando se percebe que o parceiro não compreendeu bem, para evitar mal-entendidos devidos a ruídos externos ou distrações do interlocutor, etc.

Em sentido amplo, pode-se dizer que a repetição engloba desde a repetição "exata" até aquela em que ocorrem variações maiores ou menores na forma e, portanto, também a paráfrase. Sendo a repetição exata (isto é, a expressão da mesma ideia com as mesmas palavras e a mesma entonação) bastante rara, pode-se incluir a maior parte das repetições entre os processos de reconstrução. Em (9), podemos ver, além da autorrepetição, um exemplo de repetição heterocondicionada, isto é, provocada pelo interlocutor, no caso, um aluno, que provavelmente não havia entendido a explicação (visto tratar-se de uma aula):

9. Profª: A segunda razão... seria o fato que nos leva a pensar... na: : na arte nascendo ligada à magia... é o fato de que essas representações eram feitas sempre na parte escura das cavernas... MUIto no FUNdo... de maneira que não era de maneira alguma para ser vista... no escuro a gente não pode ver... a própria COR... depende da luz... ou... é... um problema de luz... não pode haver a refração diferente aí dos raios luminosos e portanto não existe a cor... então não haveria sentido em pinTAR... iMAgens : : num lugar escuro... há ainda uma terceira razão...

Aluno: ((por ser no escuro?))

Profª: ... por ser no escuro... demonstra... que a imagem não foi feita... para decorar a caverna... ou para ser vista por outras pessoas... certo? por exemplo numa igreja hoje você tem imagens que representam... uma ideia religiosa uma série de coisas mas que estão lá para ser vistas também... a igreja é clara... no fundo da caverna

> nem isso eles poderiam ir lá :: orar :: digamos... porque
> eles não veriam a :: as imagens... certo? então... não foi
> feita para ser vista... uma terceira... razão :
>
> (EF/SP-405)

Contudo, repetições e parafraseamentos têm também outras funções importantes no processamento de textos falados, que serão discutidas no item seguinte.

## ATIVIDADES DE FORMULAÇÃO

Mencionamos, no item "A Teoria da Atividade Verbal" do cap. "Linguagem e Ação", as *atividades de composição textual*, que visam a: a) assegurar a *compreensão* dos enunciados pelo parceiro; b) levá-lo à *aceitação* dos objetivos pretendidos pelo locutor.

As atividades que o locutor realiza para estruturar o seu texto de modo que possa ser compreendido pelo interlocutor podem ser denominadas *atividades de formulação textual*.

A formulação de um texto por parte do locutor pode ocorrer de maneira *fluente*, isto é, sem dificuldades ou tropeços, ou de maneira *disfluente*, em caso contrário.

A *formulação fluente* é, portanto, aquela em que o locutor constrói seu enunciado sem maiores "tropeços". Isso não significa, porém, que não possa haver em seu texto inserções, repetições ou paráfrases. Nesse caso, contudo, elas não decorrem de percalços na construção do enunciado ou de "ruídos" na comunicação, mas têm, pelo contrário, funções retóricas, argumentativas ou didáticas. Seu objetivo é facilitar a compreensão, enfatizar ou intensificar ideias, persuadir o interlocutor. Embora comuns no texto falado em geral, elas são marcas características de determinados discursos, como *o político, o didático e o publicitário*.

Os exemplos que apresentaremos a seguir são retirados de uma *aula* (EF/SP – 405, analisada em Koch & Souza e Silva, 1991).

10.  então tudo o que a gente vai dizer a respeito desse período é *baseado em pesquisas...* arqueológicas... é *baseado em pesquisas...* etnográficas... *em pesquisas...* no campo da ARte... mas uma série de coisas são suposições.

(EF/SP – 405: 25-29)

Verifica-se aqui que o locutor diminui o fluxo informacional, repetindo segmentos, de modo a permitir que os alunos acompanhem o raciocínio e possam assimilar a informação que está sendo veiculada (o professor fala pausadamente).

11.  ... e isto DEve ter dado *uma sensação de poder... uma sensação... de domínio sobre a natureza...* que no final das contas *toda a evolução humana...* não deixa de ser exatamente a *evolução do domínio que o homem tem sobre a natureza... a possibilidade que ele tem de manipular as coisas em seu próprio proveito...* certo?...

(EF/SP – 405: 25-29)

Nesse exemplo, vê-se que o locutor tenta "ajustar" bem as ideias, através de repetições e paráfrases, para facilitar a compreensão dos alunos.

12.  ... então que tipo de formas que nós vamos reconhecer?... nós vamos reconhecer bisontes... ((vozes))... *bisonte é o bisavô... do touro... tem o touro o búfalo* : : *e o bisonte MAIS lá em cima ainda...* nós vamos reconhecer ahn : : cavalos... nós vamos reconhecer

veados... ... ... sem qualquer nível conotativo aí...
e algumas vezes MUIto poucas... alguma figura
humana...

(EF/SP – 405: 133-140)

Aqui, o locutor, além de repetir o segmento "nós vamos reconhecer ...", insere uma explicação, provavelmente por perceber que os alunos não sabem exatamente o que é bisonte.

Um exemplo em que a repetição tem função argumentativa é o seguinte:

13. L2 ... eu acho que *o meu conceito de morar bem é diferente* um pouco das pessoas que eu conheço... a maioria das pessoas pensa que *morar bem é morar* num apartamento de luxo... é *morar* no centro da cidade... perto de tudo... nos locais onde tem assim mais facilidade até de comunicação ou de solidão como vocês quiserem... *meu meu conceito de morar bem é diferente*... eu acho que *morar bem é morar* fora da cidade... é *morar* onde você respire... onde você acorde de manhã como eu acordo e veja passarinho à vontade no quintal... é *ter um quintal*... é ter árvores... é *morar perto do mar* eu não entendo se morar longe do mar.

(D2/REC – 05: 1009-1023)

Nesse exemplo, a repetição é a principal responsável tanto pela estruturação textual como pela organização argumentativa.

Veja-se o esquema:

**Eu acho que o meu conceito de morar bem é diferente**

| MAIORIA | EU |
|---|---|
| Morar bem é: | Eu acho que morar bem é: |
| arg. 1: *morar* num apto. de luxo | arg. 1: *morar* fora da cidade |
| arg. 2: *morar* no centro da cidade... perto de tudo | arg. 2: *morar* onde você respire |
| arg. 3: (*morar*) nos locais onde tem assim mais facilidade até de comunicação ou de solidão como vocês quiserem | arg. 3: (*morar*) onde você acorde de manhã, como eu acordo e vejo passarinho à vontade no quintal |
| | arg. 4: ter um quintal... ter árvores |
| | arg. 5: *morar* perto do mar... eu não entendo se morar longe do mar. |

    O locutor adota aqui a técnica que costumo chamar, informalmente, de "técnica da água mole em pedra dura": usamos a repetição como um meio de "martelar" na cabeça do interlocutor até que este aceite nossos argumentos. Basta lembrar como é comum, nos discursos científico, didático e político o uso de paráfrases introduzidas por *isto é, ou seja, ou melhor, em outras palavras, quer dizer, em resumo, em síntese,* que são também operadores argumentativos (cf. cap. "Linguagem e Argumentação", item "Os Operadores Argumentativos"), tendo por função reajustar, precisar melhor o que foi dito, reiterando ao mesmo tempo as ideias e os argumentos com o objetivo de obter a adesão e/ou a concordância do interlocutor, vencendo-lhe a resistência.

    Na *formulação disfluente,* o locutor enfrenta *dificuldades* de processamento textual. Às vezes, os problemas são detectados *após* a enunciação de um segmento, dando origem às atividades de reconstrução, discutidas no item "Descontinuidades no Fluxo da Informação no Nível Linear". Outras vezes, ele procura resolver as dificuldades paralelamente ao próprio processamento, ocorrendo então o fenômeno da hesitação, que se manifesta no texto através de falsos começos, alongamento de vogais, pausas (preenchidas ou não), repetições de sílabas iniciais ou de vocábulos e expressões, etc. O uso desses recursos tem por objetivo garantir ao locutor o tempo necessário para o planejamento mais adequado de seu discurso. Vejamos alguns exemplos:

14.   *... não... não... no no :: no paleolítico... não no paleolítico e nós vamos ver... que inclusive é é u :: /u ... ma arte* extre-mamente visual... em que sentido? no sentido de que só entra na figura aquilo que ele pode concretamente ver no animal.

(EF/SP – 405: 320-322)

15.   Doc.   *ahn...* para ser procurador do Estado... a profissão é específica não pode ser outra profissão nem assessoria nada nada...

   L2   *ah :: não tem ah toda a parte eh praticamente toda a parte jurídica do Estado* é feita... não espera aí espera aí ((risos)) já estou exagerando não é toda a parte jurídica... do Estado... *mas todos :: ... mas a grande parte jurídica* do Estado... como a *de to/todo o ser/todo serviço* de advocacia do Estado... é feita por procuradores do Estado

(D2/SP – 360: 803-813)

Veja-se que, nesse trecho, combinam-se os dois processos de formulação: aquele marcado pela hesitação, em que a locutora tenta resolver seus problemas durante a própria formulação e aquele em que ocorre a reformulação saneadora, *a posteriori*.

Temos, pois, os seguintes tipos de formulação:

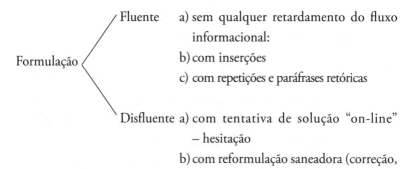

## OS MARCADORES CONVERSACIONAIS

Os marcadores conversacionais, também amplamente estudados em Marcuschi (1986), são elementos discursivos extremamente frequentes nos textos falados, que fornecem pistas importantes para os interlocutores, visto que eles como que "pontuam" o texto. Alguns funcionam como *sinais do falante*, outros como *sinais do ouvinte*. Há marcadores típicos de progressão narrativa, por exemplo. Vejamos alguns desses marcadores e o que eles sinalizam:

a. início e final de segmentos tópicos, subtópicos ou quadros tópicos:
– início: aí, então, depois, aí então, depois então, agora, veja, etc.
– fim: percebeu? entendeu? viu? né? que tal? que acha? e você? etc.
b. concordância, discordância, dúvida:

- concordância: tá, está bem, OK, certo, claro, evidente, sem dúvida, etc.
- discordância: não, isso não, assim também não, não é bem assim, etc.
- dúvida: será? é mesmo? tem certeza?
c. hesitação: ah, eh, é..., uhn... etc.
d. início e fim de uma digressão.
- início: fazendo um parêntese, desculpe interromper, mas ..., antes que me esqueça, a propósito, etc.
- fim: voltando ao assunto, fechando os parênteses, voltando ao que eu (você) estava dizendo, etc.
e. sequência da narrativa: aí, então, aí então, depois, depois então, daí, etc.

Esses exemplos parecem suficientes para mostrar o quanto esses elementos se fazem presentes no texto falado.

## A Conversação como Ato Social

Como se disse no início deste capítulo, a conversação é, antes de tudo, um ato social, no interior de situações sociais que são modificadas ou mesmo constituídas através desses atos.

Numa interação, tem-se o que E. Goffman denomina *processos de figuração*, isto é, processos por meio dos quais os interlocutores se *representam* uns diante dos outros de determinada maneira. Primeiramente, em nossa vida cotidiana, nós nos representamos diante dos outros de formas bastante variadas: por ex., uma mulher representa-se ora como mãe, ora como esposa, ora como amiga, ora como profissional, ora como esportista, etc., etc.

Em cada uma dessas situações, agimos de modo diferente, inclusive – ou sobretudo – em termos de linguagem. Além disso, cada indivíduo tem uma face externa ("positiva") – o modo como deseja ser visto pelos outros – que gostaria de ver preservada. Por outro lado, possui também uma face interna ("negativa"), seu território íntimo, que não gostaria de ver invadido. Quando, por exemplo, paramos alguém na rua para fazer-lhe uma pergunta, estamos invadindo o seu território íntimo: ele poderia estar imerso em seus pensamentos, sem vontade nenhuma de conversar com alguém; e a pergunta, como vimos, obriga-o a um ato de resposta.

É por isso que, nesses casos, nos desculpamos e procuramos *justificar* nossa "invasão" (as "orações explicativas" das nossas gramáticas são utilizadas, em um grande número de casos, com essa função: justificar atos de linguagem que poderiam "ferir a face" de nosso interlocutor).

Retomemos o exemplo dado no cap. "Linguagem e Ação":

16. Que horas são? Meu relógio parou.

O ato principal, nesse caso, é o de solicitação de informação; o segundo ato é um ato acessório que visa a *justificar* a solicitação. Poderíamos ter, ainda:

17. Desculpe, meu relógio parou. Poderia me dizer as horas, que não posso perder a condução para o serviço?

A solicitação aqui é duplamente justificada: após um primeiro ato de desculpas, há um ato preparatório ("meu relógio parou") e, depois, outra justificativa propriamente dita ("não posso perder a condução...").

O locutor é levado a usar esses recursos para não "arranhar" a face do interlocutor: é o *princípio da preservação das faces*, formulado por Goffman. Isto é, numa interação, os interlocutores estão constantemente preocupados em "resguardar" a sua face e em "não arranhar" a face do outro. Isto fica patente no caso das "preferências" e "despreferências" socialmente estabelecidas para determinados atos. Por exemplo, vimos que, em certos pares adjacentes, há duas respostas possíveis. Nesse caso, uma delas é *preferida* social ou culturalmente, enquanto a outra é *despreferida*. Em se tratando de *convites* e de *pedidos*, a resposta preferida é a *aceitação do convite* e o *acolhimento do pedido*; no caso de *elogios*, *comprimentos* e *oferecimentos* a resposta preferida é a *não aceitação*, pelo menos no primeiro momento. Pois bem, quando o interlocutor dá a resposta preferida, ele não precisa explicar ou justificar nada; caso contrário, porém, a explicação ou justificativa se faz necessária para não arranhar a face do parceiro. Por exemplo:

18.   Quer ir ao teatro hoje?

18a. Quero. / Ótimo!/ OK

18b. Não posso, *preciso estudar para a prova.*

Em 18b, uma simples resposta *não* seria pouco gentil, a não ser que se tratasse, evidentemente, de pessoas suficientemente íntimas (mas, mesmo assim, poderia haver problemas).

Outra noção importante introduzida por Goffman é a de *footing*: numa interação face a face, os participantes precisam, a cada mudança na situação, "ajustar-se", "alinhar-se", como os boxeadores no ringue. Por isso é que, como foi dito anteriormente, a conversação tem de ser localmente planejada: as mudanças de posição e as negociações se sucedem ininterruptamente e os parceiros precisam ter "jogo de cintura" para levar a interação a bom termo. A cada mudança de "cena" ou de posição, exigem-se mudanças correspondentes na linguagem.

Goffman apresenta o seguinte exemplo: no final de uma entrevista coletiva à imprensa, em conversa com alguns repórteres, o presidente Nixon se dirige a uma jornalista e faz um galanteio. Ela ri, "dá uma voltinha" diante do presidente e agradece. A seguir, a conversa continua a girar sobre a política. No momento do galanteio, houve o *footing*: Nixon deixou de ser o presidente, para ser o galanteador; a repórter deixou de ser a jornalista encarregada da cobertura para se representar como mulher envaidecida pelo elogio. Tal mudança se refletiu também em termos de linguagem: mudança de ritmo, de tom de voz, estilo, gestos, expressões fisionômicas, etc. Quando se volta a falar de política, ocorre novo *footing*. As marcas que indicam tais mudanças são o que Gumperz denomina "pistas de contextualização". Seu exemplo é uma sessão de defesa de tese, no momento em que a banca se encontra reunida para deliberar sobre a nota. A conversa sobre a avaliação, por várias vezes, é interrompida por algum dos participantes para contar um fato interessante, uma piada, algo que aconteceu em sessões anteriores, etc. Sempre que isso se dá, há como que uma mudança de "clave": muda o tom, a fala se torna mais rápida, altera-se o volume de voz, etc. e tais pistas "contextualizam" o que está sendo dito de maneira diferente daquela da discussão sobre a avaliação em si.

Esses são apenas alguns exemplos de como a linguagem é "palco" (C. Vogt), lugar onde os indivíduos se representam e constituem o mundo e suas situações ao se constituírem e representarem de determinada forma.

É por tudo isso que não basta estudar a língua como um código (conjunto de signos), através do qual um emissor transmite mensagens a um receptor; nem como um sistema formal, abstrato, de relações entre elementos de vários níveis que permitem estruturar as frases de uma língua, nem como um conjunto de enunciados virtuais cujo "significado" é determinado fora de qualquer contexto.

É preciso pensar a linguagem humana como *lugar* de interação, de constituição das identidades, de representação de papéis, de negociação de sentidos, portanto, de *coenunciação*.

Em outras palavras, é preciso encarar a linguagem não apenas como representação do mundo e do pensamento ou como instrumento de comunicação, mas sim, acima de tudo, como forma de *inter-ação* social.

# BIBLIOGRAFIA COMENTADA

AUSTIN, J. L. *How to do things with words*. New York: Oxford University Press, 1965.
Obra clássica em que o autor coloca os fundamentos da Teoria dos Atos de Fala.

BAKHTIN, M. *Marxismo e filosofia da linguagem*. Trad. brasileira. 2. ed. São Paulo: Hucitec, 1981. (Original russo: 1929)
Obra pioneira em que o autor discute a dialogicidade presente em todo uso da linguagem.

BANGE, P. Points de vue sur l'analyse conversationnelle. DRLAV 29 – *Communiversation*. Paris, 1985, p. 1-28.
Interessante visão panorâmica do que se tem feito no campo da Análise da Conversação, seus fundamentos e pressupostos básicos.

BENVENISTE, E. *Problemas de linguística geral*. Trad. brasileira. Campinas: Ed. da Unicamp, 1989. (Original francês: 1966.)
Importante para as questões abordadas neste livro é a parte intitulada "O homem na língua", em que o autor defende a existência da subjetividade na linguagem.

CASTILHO, A. T. e & D. PRETI. *A linguagem falada culta na cidade São Paulo. v. I: Elocuções Formais*. São Paulo: T.A. Queiroz/Fapesp, 1987.

_____. *A linguagem falada culta na cidade São Paulo. Vol. II: Diálogos entre Dois Informantes*. São Paulo: T. A. Queiroz/Fapesp, 1987.

CHOMSKY, N. *Aspectos da teoria da sintaxe*. Trad. portuguesa. Coimbra: Annênio Amado, 1975. (Original inglês: 1965)
Trata-se do "2º modelo" chomskyano, no qual se baseia grande parte da literatura gerativista até o final da década de 1970.

Cook-Gumperz, J. & J. J. Gumperz. The politics of conversation: conversational inference in discussion. *Cognitive Science Program*, University of Berkeley, maio de 1984.

Artigo em que os autores apresentam a noção de *pistas de contextualização* (*contextualization clues*) na interação face a face.

Ducrot, O. *Princípios de semântica linguística*. Trad. brasileira. São Paulo: Cultrix, 1976. (Original francês: 1972)

Obra em que o autor coloca os fundamentos e discute as noções básicas da Semântica Argumentativa.

_____.*O dizer e o dito*. Trad. brasileira. Campinas: Pontes, 1987. (Original francês: 1984)

Neste trabalho, Ducrot reformula e/ou avança pontos importantes de sua teoria.

Geraldi, J. W. *Portos de passagem*. São Paulo: Martins Fontes, 1991.

Leitura indispensável para quem deseja inteirar-se das questões ligadas à interlocução e para aqueles que se preocupam com o ensino/aprendizagem de língua materna.

Goffman, E. Footing. *Semiótica*, nº 25, p. 1-29.

Artigo dos mais interessantes sobre as estratégias utilizadas na interação face a face.

_____. *Interaction ritual: essaies on face-to-face behavior*. New York: Garden City, 1967.

Um dos mais importantes trabalhos do autor, em que ele desenvolve a teoria das "faces" e discute as estratégias de "preservação da face".

Grice, H. P. Logic and conversation. In: Cole, P. & J. L. Morgan (Ed.). *Syntax and semantics*. New York: Academic Press, 1975, v. 8, p. 41-48.

Artigo em que o autor desenvolve a sua lógica conversacional, que se esteia no Princípio da Cooperação e nas máximas dele decorrentes.

Guimarães, E. R. J. *Texto e argumentação*. Campinas: Pontes, 1987.

Estudo minucioso da função argumentativa das conjunções do português, à luz da Semântica da Enunciação.

GULICH, E. & T. KOTSCHI. Les marqueurs de la reformulation paraphrastique. *Cahiers de Linguistique Française*, 5, p. 305-351.
Um dos estudos mais importantes dos marcadores de reformulação parafrástica.

KOCH, Ingedore G. V. *A coesão textual*. São Paulo: Contexto, 1989.

_____. *Argumentação e linguagem*. São Paulo: Cortez, 1984.

_____. Intertextualidade e polifonia: um só fenômeno? *D.E.L.T.A.*, 1991, v. 7, nº 2, p. 529-541.

_____. & L. C. Travaglia. *A coerência textual*. São Paulo: Contexto, 1990.

_____. & L. C. Travaglia. *Texto e coerência*. São Paulo: Cortez, 1989.

_____. *O texto e a construção dos sentidos*. São Paulo: Contexto, 1997.

_____. Digressão e relevância conversacional. *Cadernos de Estudos Linguísticos*, nº 37, Unicamp, 1999, p. 81-92.

KOCH, I. G. V.; JUBRAN, C. C. S.; RISSO, M. S.; URBANO, H.; MARCUSCHI, L. A.; FÁVERO, L. L.; SANTOS, M. C. O. T. Aspectos do processamento do fluxo de informação no discurso oral dialogado. In: A. T. CASTILHO (Org.). *Gramática do português falado. Vol. I: A ordem*. Campinas: Ed. Unicamp/ Fapesp, 1990, p. 143-184.

KOCH, I. G. V.; FÁVERO, L. L.; JUBRAN, C. C. S.; MARCUSCHI, L. A.; RISSO, M. S.; TRAVAGLIA, L. C.; URBANO, H.; SANTOS, M. C. O. T. Organização tópica da conversação. In: R. ILARI (Org.). *Gramática do português falado. v. II*. Campinas: Ed. da Unicamp.

KOCH, I. G. V. & M. C. P. DE SOUZA E SILVA. Atividades de composição do texto falado: a elocução formal. In: I. G. V. Koch (Org.). *Gramática do português falado. v. IV.*

MARCUSCHI, L. A. *Análise da conversação*. São Paulo: Ática, 1986.
Obra clássica que traz os fundamentos da análise da conversação e um estudo aprofundado dos marcadores conversacionais.

OSAKABE, H. *Argumentação e discurso político*. São Paulo: Kairós, 1979.
Um dos primeiros trabalhos sobre discurso publicados no Brasil, contendo uma excelente revisão crítica da literatura existente até então.

ROULET, E. et al. *L' articulation du discours en français contemporain*. Berna: Peter Lang, 1985.
Conjunto de trabalhos em que o Grupo de Genebra desenvolve a pragmática conversacional.

SACKS, H.; E. SCHEGLOFF; G. JEFFERSON. A simplest systematics for the Organization of turn-talking for conversation. In: J. SCHENKEIN (Ed.). *Studies in the organization of conversational interaction*. New York, 1978.
Clássico da Análise da Conversação que tem servido de fundamento a grande parte dos trabalhos posteriores na linha etnometodológica.

SAUSSURE, F. de. *Curso de linguística geral*. Trad. brasileira. São Paulo: Cultrix/Edusp, 1974. (Original francês: 1916)
Obra fundadora da linguística moderna.

SEARLE, J. *Speech acts*. Cambridge: Cambridge University Press, 1969.
Obra em que o autor desenvolve a Teoria dos Atos de Fala a partir do trabalho pioneiro de Austin.

VAN DIJK, T. A. *Studies in the pragmatics of discourse*. Berlim: Mouton, 1981.
Obra importante em que o autor discute uma série de questões discursivas, entre as quais as sequências de atos e os macroatos de fala.

_____. *Cognição, discurso e interação*. São Paulo: Contexto, 1992.
Coletânea com traduções de alguns dos mais importantes trabalhos do autor na década de 1980, em que discute questões ligadas à compreensão, recordação, sumarização e produção de textos.

VILELA, M.; KOCH, I. G .V. *Gramática da língua portuguesa*. Coimbra: Almedinos, 2001.

VOGT, C. *Linguagem, pragmática, ideologia*. São Paulo: Hucitec/Funcamp, 1980.
Obra básica para quem se interessa por questões de Semântica Argumentativa e pela visão de linguagem como representação, como lugar de constituição das identidades.

WEINRICH, H. *Tempus: besprochene und erzählte Welt*. Sttutgart: Klett, 1964. Trad. francesa. *Le temps* (Ed. du Seuil); trad. espanhola: *Estructura y función de los tempos en el lenguage* (Ed. Gredos).
Trabalho em que o autor apresenta suas teorias dos tempos verbais, com farta exemplificação em obras literárias e não literárias.

# A AUTORA NO CONTEXTO

Ingedore Grunfeld Villaça Koch nasceu na Alemanha e veio para o Brasil com quatro anos de idade. Adotou o Brasil como pátria, naturalizando-se brasileira. Formou-se em Direito pela USP e, mais tarde, obteve licenciatura plena em Letras. Foi professora de 1º grau no Externato Ofélia Fonseca e de Língua Portuguesa e Técnica e Metodologia de Redação em Português na Logos – Escola de 2º grau.

É mestre e doutora em Ciências Humanas: Língua Portuguesa, pela PUC/SP. Foi professora do Departamento de Português dessa universidade, tendo lecionado nos cursos de Língua e Literatura Portuguesas, Língua e Literatura Inglesas – opção Tradutor, Secretariado Executivo Bilíngue e Jornalismo. Foi coordenadora do curso de Jornalismo e membro da comissão didática do curso de Língua e Literatura Inglesas.

Publicou pela Editora Contexto as seguintes obras: *A coesão textual*, *A coerência textual* (em coautoria com Luiz Carlos Travaglia), *A inter-ação pela linguagem* e *O texto e a construção dos sentidos*. É de sua autoria também: *Gramática do português falado*, v. VI: desenvolvimentos; *Texto e coerência* (em coautoria com Luiz C. Travaglia); *Desvendando os segredos do texto*; *Linguística aplicada ao português* (em coautoria com Maria Cecília Pérez de Souza e Silva); *Morfologia e Linguística aplicada ao português*: sintaxe (em coautoria com Maria Cecília Pérez de Souza e Silva); *Linguística textual*: introdução (em coautoria com Leonor Lopes Fávero); *Argumentação e linguagem*.

Atualmente, é professora titular do Departamento de Linguística do IEL/Unicamp, em cujos cursos de graduação e pós-graduação trabalha com Linguística Textual.

**GRÁFICA PAYM**
Tel. [11] 4392-3344
paym@graficapaym.com.br